KB088937

내 상가·건물에 어떤 업종이 적합할까?

– 상가 공실 해소 전략 –

상가 공실 해소 전략

내 상가·건물에 어떤 업종이 적합할까?

박균우 지음

두드림미디어

2020년 초 시작되었던 코로나19는 잠잠해졌고, 일상을 완전히 회복했지만 우리 생활의 많은 부분을 변화시키고 있다. 이 변화를 통해 우리 일상은 코로나19 이전으로 돌아가기보다는 새로운 형태로 변하고 있고, 특히 상업용 부동산 시장은 더욱 빠르게 변하고 있다.

상업용 부동산 시장은 금리 불안정성, 원자재 비용의 급등, 인건비 상승으로 인해 건축비가 과거 5년 전과 비교했을 때 2배 이상 올랐다고 한다. 여기에 건설 경기 불황으로 부동산 PF(프로젝트 파이낸스) 시장이 위축되면서 대형 건설사조차 위험하다고 한다.

뿐만 아니라 그동안 적체된 상업용 부동산의 공실 문제와 더불어 코로나19를 겪으면서 소비자들의 트렌드가 변화하는 등 상업용 부동산에서는 새로운 접근의 필요성이 제기되고 있다.

필자는 지난 25년 동안 기업과 금융기관, 병의원, 상가 투자자, 창업자들을 대상으로 현장 상권 분석 전문가로 활동하고 있다. 이를 바탕으로 2020년에 《인생 2막을 위한 상가 투자와 창업》, 2022년에는 《병·

의원, 치과, 한의원 개원 상권 분석》을 집필했고, 이번에 세 번째 책을
내게 되었다.

현장 상권 분석 전문가로 활동하면서 상업용 부동산은 금융 레버리
지나, 부동산 가격 상승으로 인한 가치 변화보다는 우수한 임차인이 입
점할 때 안정적인 임대 수익이 유지되고, 부동산 가치도 안정적으로 유
지 및 상승한다고 생각해왔다.

이 책은 상업용 부동산 시장 조사와 MD 구성 노하우가 많은 대기업
건설사나 시행사가 주도하는 대규모 상업용 건물 MD 구성을 염두에
두고 쓴 책은 아니다. 우리가 흔히 접하는 상권과 신도시의 상가, 구분
상가에 어떤 업종을 유치할 때 건물과 상가의 가치가 상승할 것인지를
염두에 두고 책을 썼다.

따라서 이 책은 상가 시행을 준비하는 개인, 법인(건설사)과 상가를 소
유하거나, 매수를 염두에 둔 분, 구분상가에 투자한 분들을 대상으로 어
떤 업종을 유치하는 것이 좋을지에 대한 사례와 내용을 담으려고 했다.
또한 점포형 창업을 준비하는 분이나 프랜차이즈 본사, 관련 컨설팅을
하는 분들에게도 상권과 상가에 대한 인사이트를 줄 수 있기를 바란다.

마지막으로 이 책을 쓰는 데 도움을 주신 모든 분들에게 감사드리며,
많은 분들에게 이 책이 도움이 되었으면 하는 바람이다.

박균우

차례

PART 03

MD 구성을 위한 상권 분석

PART 04

MD 구성 전략 실행

PART 05

MD 구성의 카테고리와 업종 이해

PART
06

MD 구성 상가의 사례 분석

대한민국의 상권
역사와 트렌드

'내 상가, 건물에 어떤 업종을 유치할까'라는 주제로 책을 쓰면서 첫 번째 챕터를 어떤 내용으로 쓸 것인지 고민했다. 상권과 상가의 트렌드를 검토할때 꼭 필요한 것이 그 시대의 상권과 상가를 이용하는 소비자들의 라이프스타일에 대한 이해라고 생각한다. 이런 점 때문에 이 책의 첫 번째 챕터는 1970년대와 1980년대 이후 그리고 현재까지의 사회·경제적 변화와 그 시대 소비자들의 라이프스타일이 어떻게 변해왔고, 그로 인해서 우리 상권과 상가는 어떻게 변해왔는지 살펴보려고 한다.

1980년대 상권과 상가
– 발전기

사회, 경제적으로 1960, 1970년대를 산업화 태동기로 보면, 1980년대는 산업 고도화 진입기라고 할 수 있다. 이 시기 1960~1970년대 중화학공업 위주의 산업에서 통신 강국의 토대가 되는 사업들에 정부와 기업들이 과감히 투자에 나서면서 1990년대 산업 고도화의 기반이 마련된 시기였다.

1970년대 후반 이후 1980년대를 넘어서면서 우리 상권 변화에 기반이 되는 중요한 모멘텀이 되었던 사건과 현상들을 살펴보면 다음과 같다.

서울올림픽

서울올림픽은 국제사회가 1980년 모스크바올림픽에 이어 1984년

LA올림픽까지 반쪽 참여가 이어지다가 세계가 모두 참여하는 올림픽이었다는 데 의미가 있다. 또한, 서울올림픽은 우리 사회와 상권에 많은 변화가 시작되는 계기가 된 사건으로 그 영향력을 평가해보면 다음과 같다.

첫째, 서울올림픽을 기점으로 우리 산업이 고도화 진입기에 들어서면서 경제 규모가 커짐에 따라서 소득이 급격히 상승했다. 개인 소득의 상승은 소비 규모가 커지고, 그만큼 상권이 다양해지고, 메가형 상가와 점포들이 등장할 수 있는 토대가 되었다.

둘째, 서울올림픽은 대한민국을 해외에 제대로 프로모션한 계기가 되었고, 이 영향으로 1990년대 초반 중국과 러시아(구소련) 및 동구권과 수교를 맺으며, 시장의 확대와 함께 외국인 관광객과 비즈니스를 위한 방문객들이 폭발적으로 증가하면서 우리 상권의 다양성과 활력이 증가하는 새로운 전기를 맞이했다.

승용차의 보급

아시안게임과 서울올림픽을 거치면서 산업이 고도화 진입기로 들어서자 국민소득이 상승했고, 자동차 3사(현대, 대우, 기아)의 국민차 보급이 본격화되었다. 운전면허 붐이 시작되던 시기도 이 시기이다. 자동차 보급으로 1990년대 이후 본격적으로 상가와 상권에 변화가 나타나는데, 대표적 현상은 다음과 같다.

첫째, 이제까지 시장에서 소량구매하던 패턴에서 자동차가 보급되면서 대형마트가 출현하고, 묶음판매와 벌크에 쌓아두고 판매하는 방식이 일반화되면서 대량구매로 인한 소비자의 구매력이 커졌다.

둘째, 상권 확장성이 커졌다. 대중교통 중심의 이동에서 차량을 이용해 원하는 시기에 언제, 어디든 갈 수 있게 되었다. 이것은 점포 중심으로 도보나 대중교통 접근성에 따라서 구분하던 상권의 범위가 자동차 보급으로 인해 홍보, 마케팅을 통해서 상권 범위를 얼마든지 확장할 수 있게 된 것을 의미한다. 결국 고객을 점포로 유인하기 위한 홍보, 마케팅을 통해서 고객이 거주하는 상권 범위가 얼마든지 확장이 가능해졌다는 말이다. 1990년대 이후 소매상권 간의 본격적인 홍보 전쟁도 자동차 보급의 영향으로 볼 수 있다.

주거 형태 변화의 시작

상가와 상권이 변해온 과정에서 빼놓을 수 없는 것이 주거 형태 변화이다. 우리 주거 형태가 단독주택 중심에서 1960, 1970년대 초보적 아파트 건설의 시기를 거쳐 1970년대 후반부터 본격적인 대단지가 개발되었다. 1970년대 말~1980년대 초 서울의 대표적 대단지인 은마아파트와 가락시영아파트가 입주한 것도 이 시기이다(가락시영아파트는 2018년 9,510세대 헬리오시티로 재건축되었고, 은마아파트는 재건축 예정이다). 이후 서울로 유입되는 사람들의 주거지 개발을 위해서 상계지구와 목동지구에 대규모 아파트 단지 조성이 시작된 것도 이 시기이다.

1980년대까지는 서울을 중심으로 주거 형태가 빠르게 아파트 중심으로 바뀌고 있었지만 제한적인 단지 내 상가와 인접 전통 시장 중심의 상권이었고, 주거 형태도 단독주택 중심이었다. 1980년대의 상권은 어떤 형태였을까?

① 도심 상권

개인 통신이 없었던 시기로 지금의 메이저 백화점뿐만 아니라 도시마다 지방 백화점을 중심으로 약속과 소비가 집중되던 시기였다. 백화점을 중심으로 소매상권이 이루어지고 주변과 후면부에 유흥, 음식과 주점이 모두 형성되던 시기로 이 시기가 오프라인 로드숍의 최고 황금기였다.

② 생활소비

아파트 단위의 상권이 형성되기 이전으로 대부분 전통 시장과 골목의 점포 중심으로 소비가 이루어지던 시기이다. 시장은 도시 단위, 지역거점 단위, 지역 단위 골목시장으로 사람이 모이고, 노선버스는 이들 시장을 경유하도록 설계되었다. 따라서 시장에는 1차식품을 파는 시장 기능과 함께 전면도로에는 업무, 금융, 패션잡화 소매, 음식, 주점들이 대부분 입점했기 때문에 그만큼 시장이 활성화되던 시기였다.

③ 젊은이 상권

» **도심 상권** : 노선 버스가 집중되는 도심에 주요 업무, 유통, 먹자상권이 집중되던 시기이다. 서울의 종로, 명동 상권이나 부산의 서면, 대구의 동성로, 광주의 충장로 상권은 도시 중심 상권이고, 젊은이에게도 최고 상권이었다.

» **대학가** : 대학가 영향을 받는 상권은 서울의 신촌, 신림역이 있었고, 지방은 국립대학 앞 상권이 대표적인 대학가 상권이었다. 부산대

정문, 전남대 후문앞, 경북대 북문, 충북대 정문 상권은 당시 대학생들과 젊은이들이 모이는 대표적인 상권이었다. 아이러니하게도 이 시기의 대학가 상권은 대학가 시위 문화와 일맥상통한 점도 있었다.

1990년대 상권
– 소비 황금시대의 명과 암

    1990년대 상권은 88서울올림픽 이후 10년 경제호황으로 소비 전성기를 누리다 한순간에 1997년 IMF라는 냉혹한 현실을 겪게 되는 명과 암의 시대로 특징 지을 수 있다. 1990년대는 우리 상권에 충격을 준 전환기로서 이 시대의 상권을 특징화하는 상황을 정리하면 다음과 같다.

신도시 조성, 아파트 주거 환경과 상권

    88서울올림픽을 전후해 도시로 집중되는 인구의 주거 문제를 해결하기 위해서 1980년대는 목동신시가지 조성사업과, 상계동에 택지개발사업이 시작되던 시기였다. 그러나 폭발하는 수도권 주택 수요의 해소가 어렵자 노태우 정부 들어서면서 부족한 주택문제를 해결하기 위해서 주택 200만 호 건설 등 굵직한 사업이 시작되었는데, 이 사업의 연장선이 1기 신도시사업으로 분당, 일산, 산본, 평촌, 중동에 신도시를 건설하겠다고 발표하게 된 것이다. 우리 주거 환경이 단독주택 중심에서 빠르게 아파트 중심으로 변하게 된 것이 1990년대이다. 상권도 전통 시장과 상점가 중심 상권에서 아파트 중심의 단지 내 상가와 근린 상권으로 변화되는 시기이다.

지하철 역세권 시대

1호선 개통 이후 아시안게임과 서울올림픽을 유치하면서 도심 교통문제를 해결하기 위해서 시작된 것이 서울지하철 2호선 사업으로 1984년에 개통되었다. 지하철의 개통과 함께 1호선의 영등포역, 부천역, 부평역, 안양역, 수원역과 2호선의 강남역, 홍대입구역, 잠실, 교대역은 최고의 역세권을 형성하던 시기로 이것은 1980, 1990년대 내내 유지되었다. 또한 1990년대는 1, 2호선뿐만 아니라 신도시를 연결하는 지하철이 개통되어, 야탑, 서현역 상권, 일산신도시의 3호선이 연결된 대화역, 마두역, 정발산역 상권, 4호선 인덕원, 범계, 산본 상권도 모두 역세권 상권으로 수도권 상권의 중심이 역세권이 중심을 이루던 시기였다. 특히 사당역이 2호선, 4호선이 환승하는 서울 남부로 이동하는 직장인이 집중되는 최고의 상권이 된 것도 1990년대이다. 신도시를 연결하는 지하철의 개통은 수도권 상권이 서울 중심에서 신도시 아파트 주거지와 역세권으로 새롭게 형성되는 계기가 되었다는 점에 의미를 둘 수 있다.

개인통신 시대

1990년대 들어서 무선호출기와 휴대폰의 보급이 본격화되면서 개인통신 시대가 열리게 되었다. 국내 초기 시장은 수입 이동통신 기기인 모토로라와 노키아 일변도였으나 삼성이 독자 브랜드 애니콜을 내놓고 이어서 국산 디지털폰 개발은 스마트폰 전성 시대를 열었다.

무선호출기나 휴대폰의 대중화는 상권 측면에서 사람들의 동선이 유선 전화 연결이 가능한 중심 상권이나 이름난 특정 장소 중심으로 국한되었던 것을 이제는 장소의 이동이 전천후로 가능해지게 함으로써 사람들이 상권을 선택할 수 있는 범위가 넓어지는 계기를 만들었다. 즉, 개인통신 시대 이전에는 백화점 앞이나 극장 앞이 만남의 장소이고, 상권 범위도 확장되지 못했지만 무선호출기 보급은 통신과 공간의 개념이 결합된 다방 문화가 본격적으로 확산되는 계기가 되었으며, 휴대폰의 보급은 더 이상 상권의 장소적 개념이 없어지게 되었다는 점에 의미를 둘 수 있다.

신업태의 대중화

① 편의점 전성시대

편의점은 1980년대 국내에 등장했지만 1990년대에 전성시대를 열게 되었다. 편의점의 가장 큰 강점은 사람들의 소비를 제한된 시간에 머물지 않고 연중무휴, 24시간 소비가 가능하게 한다는 점이다. 이것은 편의점 주변 점포들의 야간 소비의 확대로 상권 이용 시간을 확대하는 효과를 가져왔다.

② 대형마트의 등장

1990년대 신업태 중에서 편의점과 함께 대중적으로 가장 영향을 끼친 업태는 대형마트이다. 대형마트에서 소비가 폭발적으로 증가하게 된 것은 승용차 보급의 영향이 컸고, 이전에 시장에서 단품 위주 포장판매에서 벌크 단위의 세트 묶음 판매와 대용량 판매가 가능해지면서 가정의 소비력을 끌어올린 계기가 되었다. 이 시기에는 교외형보다 도심 지역 거점 단위 상권 중심부에 출점하는 대형마트가 중심이 되면서 대형마트 주변부 상권 활성화에도 영향을 미쳤다. 이후 도심의 부동산 비용이 상승하면서 교외형과 땅값이 싼 도심 주변부의 출점이 증가하면서 도심 상권에는 부정적 영향을 미치게 된다.

IMF-외환위기

김영삼 정부가 끝나가던 시점인 1997년 아시아를 덮친 외환유동성 위기는 10년 장기호황의 마지막을 고한 사건으로 이후 2000년대 초반까지 우리 사회는 경제적으로 냉혹한 암흑기였다. 이러한 IMF 외환위기의 영향은 2000년 초중반까지 지속되었다.

2000년대 상권과 상가
- 산업구조 재편기

밀레니엄 시대 초입인 2000년대가 시작되면서 사회는 IMF 외환위기로 은행권을 비롯한 대기업이 연쇄적으로 파산함으로써 거리에 실업자가 넘쳐나던 시절이었다. 구조조정을 당하면서 퇴직금과 위로금을 충분히 챙겨서 사회로 나온 사람은 그나마 나았으나 대부분 하루아침에 거리로 내몰린 사람들이었다. 당연히 최우선 국정과제는 IMF 조기 졸업이었다. 2000년대는 보기 드물게 3명의 대통령이 재임하던 시기로 어떤 사건과 상권의 변화 요인들이 있었는지 살펴보자.

벤처와 IT기업의 등장 - 산업구조 재편

굴뚝산업이 몰락하면서 새로운 산업 활력을 높일 수 있는 체질 개선이 필요했는데, 정부에서 선택한 것이 벤처와 IT기업 육성이었다. 벤처와 IT기업 육성은 우리 경제에서 단기간에 새로운 산업을 육성했던 보기 드문 사례이긴 했지만, 역시 묻지마 투자 등으로 인한 많은 문제점이 양산되기도 했다.

어찌 되었든 벤처와 IT기업 육성에 따라서 제조업이 있던 공업지역, 준공업지역에 새로운 유형의 아파트형 공장(이후 지식산업센터)이 등장한 것도 이 시기이다. 서울의 굴뚝제조업의 메카였던 구로공단에 아파트형 공장이 들어서면서 서울디지털산업단지로 명칭이 바뀌었다(1단지는 구로디지털산업단지, 가산디지털산업단지는 2, 3단지이다).

서울디지털산업단지가 들어서면서 강남 테헤란로 일대의 개발업체들이 IMF체제에서 벗어나고, 부동산 가격이 급격하게 상승해 서울디지털산업단지로 이동하게 된다. 이후 이명박 정부 시절이었던 2009년 즈음에 아파트형 공장을 지식산업센터라는 명칭으로 통일하면서 이후 아파트형 공장을 지식산업센터라고 부르게 되었다.

청계천 개발 등으로 이들이 이주할 새로운 개발지역이 필요했는데 개발에서 소외되었던 서울과 성남의 경계 지역인 문정동에 법조, 유통, 비즈니스 타운을 개발하는 사업이 시작되면서 대형 지식산업센터 타운 개발이 시작된 것도 이 시기이다.

아파트형 공장(지식산업센터)이 개발되면서 오피스가와 또 다른 형태의 지식산업센터 내의 지원시설에는 오피스 타운과 근린생활시설이 결합된 상가가 들어오고, 주중의 점심과 저녁에 제한적으로 사람들이 상가를 이용하고, 주말은 공동화되는 새로운 유형의 오피스 상권이 형성되게 되었다.

무분별한 카드 남발

극도로 위축된 소비를 살리기 위해서 김대중 정부에서 고육책으로 선택한 것이 세액공제를 내건 카드소비 활성화였다. 이로 인해서 공격적인 카드회원 모집으로 지나친 인센티브와 회원 선물, 과도한 한도 확대로 소비 진작에는 분명 성공한 측면이 있지만, 카드 돌려막기 등 서민들의 개인 신용 하락으로 오히려 10년 이상 경제에 악영향을 미쳤다는 평가를 받기도 한다.

소비 양극화 시대

별다른 기술을 가지지 않고, 대책 없이 사회로 내몰린 실직자들은 새로운 직업이나 창업을 하기가 쉽지 않았던 시절이었다. 또한, 소비력이 침체된 사람들이 쉽게 구매가 가능한 소비 활성화가 필요했는데, 이 시기 이런 트렌드가 반영되어 프랜차이즈 업체들은 저가, 실속형 아이템들을 등장시켰다. 김밥, 치킨, 피자 업체들의 경쟁이 시작된 것도 이 시기이고, 1990년대 대형 면적의 생맥주집(OB광장)에서 IMF를 겪으며 복고형의 저가 술집들이 등장했지만, 이후 직장인을 대상으로 하는 실속형 술집들이 등장하기 시작한 것도 이 시기이다(예 : 쪼끼쪼끼).

반면, 벤처 투자 붐이 일면서 새로운 유형의 자산가들이 등장하고 소비에서도 저가, 실속형 소비에 대비되는 고가 명품 시장이 활성화되면서 소비의 양극화가 본격적으로 시작된 것도 이 시기였다.

2기 신도시 발표

김대중 정부에 이어서 등장한 노무현 정부 시절은 대출규제가 완화되고, IMF를 빠르게 벗어나면서 수도권 집값이 천정부지로 폭등하던 시기이다. 이를 타개하기 위해서 2기 신도시가 발표되었다. 인천, 경기권 10개 지역과 대전과 아산, 천안권에 각각 1개로 전체 12개(위례, 판교, 김포한강, 검단, 동탄1, 동탄2, 파주운정, 광교, 양주, 평택고덕, 아산, 대전도안) 신도시 개발사업이 시작된 것도 참여정부 때이다. 이러한 2기 신도시의 가장 큰 문제는 대중교통이 원활하지 못하고, 지나치게 자족 기능을 높게 맞추다 보니 도시가 오랫동안 정착되지 못한 상태로 방치되는 것이었다.

2010년대 이후 상권과 상가
(2010~2017년)

스마트폰의 대중화

2010년대 상권에서 가장 획기적인 사건을 꼽으라면 스마트폰의 대중화일 것이다. 2000년대 말 본격적으로 보급되기 시작한 스마트폰의 대중화는 사용자들이 이동을 하면서 언제 어디서든 정보를 검색할 수 있는 시대가 되었다는 이야기이다. 시공간을 초월한 정보 검색이 가능해진 것은 그만큼 상권의 확장성을 키웠고, 더 이상 가시성, 접근성에 의존하던 1차적인 아날로그적 상권의 개념에서 인터넷상의 노출도, 즉 점포의 경쟁력이 아날로그뿐만 아니라 디지털 영역까지 확대되었음을 의미한다. 이것은 가상세계의 또 하나의 상권이 형성되었다는 의미로 볼 수 있다.

젠트리피케이션과 골목길 상권

세계금융위기를 극복하고 2010년대를 넘어서면서 상가 임대료가 폭등하게 되고, 기존 상권에서 높은 임대료를 감당하지 못해 내몰리는 현상이 발생하게 되는데, 이것이 젠트리피케이션이다.

이런 젠트리피케이션의 영향으로 내몰린 상인들이 새로운 상권을 형성하게 되는데, 홍대에서 밀려난 상인들이 터를 잡은 연남동이나, 이태원 상인들이 이동한 경리단, 해방촌이 이러한 영향으로 성장한 대표적인 상권이다. 이런 상권은 기존의 잘 갖춰진 상업용 건물이 아니라 골목을 따라서 주택을 리모델링한 상권이 조성되었는데, 이것을 골목길 상권이라고 한다. 때마침 불어닥친 스마트폰의 대중화로 소비자들은 나만의 상권, 나만의 점포에 대한 욕구가 강해지고, 짧은 시간 안에 힙한 새로운 골목길 상권이 주목받을 수 있는 계기를 만들었다. 그러나 이것이 또다시 임대료 폭등을 불러오는 빌미가 되어 경쟁력 있던 업주들이 떠나면서 상권이 단기간에 활성화되었다가 침몰하는 악순환을 겪게 되었다.

상가 분양가의 폭등

저금리 시대에 뚜렷한 재테크 수단이 없는 상황과 2000년대 주택 부족으로 아파트 가격이 폭등하는 가운데, 2기 신도시와 행정중심복합도시인 세종시의 입주가 시작되면서 상가 공급도 본격적으로 이루어졌다. 경쟁적으로 상가 용지에 대한 입찰에 나서면서 용지 공급 가격이 천정부지로 뛰었고, 상가 분양가를 끌어올렸다. 이런 상황에서 과도한 상가 공급, 분양가의 고공 행진과 이에 따라 임대료가 급격하게 상승한 신도시 상가의 공실 대란을 맞게 되면서 신도시의 상가 문제는 현재까지 진행 중이다. 이 문제는 가격에 얽힌 문제도 있지만, 도시개발을 하면서 난개발과 중복개발로 인해 상권이 겹치는 문제와 경제 활동과 주거 지역의 이격거리가 큰 점 등 신도시의 자족 기능에 대한 이해가 부족했던 것으로 판단된다.

정부 규제가 상권에 미친 영향

2010년대 넘어오면서 사회 곳곳에서 과잉 경쟁으로 인한 문제가 발생하기 시작한다. 이로 인해 정부에서는 사회 경제적인 시스템을 정비하고 관리할 필요를 느끼게 되었다. 다음은 2010년대 이후 정부에서 적극적으로 관리하고 규제했던 각종 사회, 경제와 관련된 제도와 그 영향력이다.

① 대형마트 의무휴업일 시행

동네 슈퍼와 전통 시장이 침체되면서 그 원인을 대형마트의 연중무휴 24시간 영업 때문이라는 인식에서 출발한 것이 대형마트 의무휴업일 시행이다. 2012년 정부는 유통산업발전법에 근거해 대형마트의 영업 시간 제한과 월 2회 의무휴업일을 시행하도록 했다. 의무휴업일 지정이 당시 경제 상황에서는 맞았을지 모르지만, 현재는 다양한 유통채널의 등장으로 오히려 정상적인 경쟁을 방해해 유통산업을 왜곡시키고 있다는 주장이 강하다. 현재는 대형마트뿐만 아니라 SSM(기업형 슈퍼)은 매출 감소와 수익성 악화로 폐업하는 곳이 증가하고 있다. 또한, 대형마트의 의무휴업일 지정은 시민들의 선택권 박탈과 불편 증가, 대형마트 주변 로드숍의 동반 침체를 불러오고 있다는 인식도 큰 상황이다.

② '부정청탁 및 금품 등 수수의 금지에 관한 법률(일명 김영란법)'과 상권의 영향

사회에 만연한 청탁과 부정부패를 방지하기 위해서 2012년 당시 국민권익위원회 김영란위원장의 제안으로 2015년 3월 3일 국회 본회를 통과하고, 다음 해 2016년 9월 28일 법이 시행되었다. 부정부패 방지를 위해서라는 이 법의 취지에는 공감하지만 법률의 경직성으로 접대문화가 자취를 감추었을 뿐만 아니라 정상적인 교류와 상도례까지 위축시켜 상권 전체를 위축시킨 측면도 있다. 특히, 지역의 경우 공직사회뿐만 아니라 지연과 학연으로 지역사회가 연결되어 있다 보니, 강력한 김영란법은 지역 경제를 일정 부분 침체시키기도 했다.

2010년대 이후 상권과 상가
(2018~2023년)

　배후인구의 유입이나 유출이 점진적으로 진행되기 때문에 상권 또한 점진적으로 변화하게 된다. 이것은 상권 소비인구의 점진적인 유입, 유출을 충분히 예견할 수 있다면 상권에 진입한 소기업, 자영업자들이 상권 변화를 충분히 예견하고 적응할 수 있기 때문이다. 그러나 상권에 진입하는 업체들에게 예측할 수 없는 갑작스럽고 큰 변화가 발생한다면 업체들은 자력으로 적응하는 데 어려움을 느끼고, 이것에 적응하기 위해서 사업장을 이전하거나, 폐업, 경우에 따라서는 운영 전략을 대폭 수정해 적응하려고 한다. 상권의 예측할 수 없는 갑작스러운 변화로는 시장 환경이 큰 폭으로 바뀐다거나 정부 주도에 의한 환경 변화를 들 수 있다. 점포형으로 사업을 운영하는 소기업, 자영업자들에게 큰 부담은 원재료 가격의 급작스런 인상 등도 있지만, 그보다는 임대료의 폭발적인 인상과 인건비에 대한 부담이 가장 크다.

최저임금의 급격한 인상

정부에서 최저임금을 정하는 것은 근로자에 대해 임금의 최저수준을 보장해 생활안정과 노동력의 질적향상을 꾀함으로써 국민경제의 건전한 발전에 이바지하게 한다는 것이 목적이다.

그러나, 2017년 새로운 정부가 들어오면서 최저임금을 대폭 올려서 근로자의 소득을 보전하겠다는 목적을 가지고 2017년 6,470원에서 2018년 7,530원으로 1,060원인 16.4%를 인상했다. 이어서 2019년은 2018년에 비해서 10.9%, 820원 인상된 8,350원으로 결정되었다.

최저임금의 급격한 인상은 2020년 코로나19와 맞물리면서 기존 대형면적의 사업장을 운영했던 자영업자들은 점포의 규모를 슬림화하고, 가족경영이나, 1인운영체제로 전환하는 계기가 되었다. 여기에 점포의 무인화 운영이 본격적으로 시작된 것 역시 이 시점으로 봐야 한다.

새로운 유통채널의 등장 – 비대면 거래의 일상화

코로나19 이전부터 시작된 배달플랫폼과 새벽과 야간 배송업체들의 문 앞 배달은 이미 우리 생활의 일부가 되었다. 소비자의 라이프스타일이 육안이나 감촉으로 확인이 필요한 업종이나 품목은 대면 점포에서 구매하지만 대량구매해도 품질 변화가 없는 공산품이나, 규격화된 프랜차이즈업체나, 제품의 규격이나 수준을 쉽게 이해할 수 있는 식음료, 식자재, 밀키트는 비대면 거래가 증가하고 있고 비정형화된 분야까지 확대되고 있다.

비대면 거래의 증가는 매장에서 판매하는 상품과 같거나 가치가 비슷할 경우 점포형 사업자의 매출이 감소할 수밖에 없게 되고 이것은 대면 점포의 규모가 작아지고, 인력도 줄어들게 되는 영향을 가져오고 있다.

앞으로 상가 개발 업체들도 이런 소비자들의 소비 라이프 스타일 변화로 인한 새로운 유통채널에 대해서 인식하고 개발계획을 수립해야 한다.

코로나19가 변화시킨 세상

2020년대 시작은 코로나19가 전세계를 팬데믹 상황으로 몰아넣으면서 시작되었다. 코로나19는 우리 생활을 멈추게 만들었고 이로 인해서 우리 상권과 상가에도 많은 변화를 가져왔고, 현재도 그 변화가 진행 중이다. 2020년대 초반 상권을 이해하기 위해서는 코로나19로 인해서 우리 생활이 어떻게 변화했는지를 살펴볼 필요가 있다.

코로나19가 변화시킨 세상에서는 경제활동 인구의 근무 형태 변화가 가장 컸다. 재택근무와 더불어 근무 형태와 시간을 탄력적으로 적용하는 유연근무를 시행하는 회사가 많아졌다. 코로나19가 잠잠해지고 기업의 상당수는 과거로 돌아갔지만, 효율성이 높다고 판단한 회사는 재택근무, 유연근무제를 복합적으로 사용하고 있는 곳도 많다.

상시 출근형 근무 형태에서 재택, 유연근무제는 직장 인근의 오피스 상권이나, 역세권 상권의 위축을 불러왔고, 음주와 회식문화를 실종시킴으로서 야간 상권의 침체가 회복되지 못하고, 손님이 일찍 끊어져서 높은 인건비, 식재료비 상승, 임대료의 과거로의 회귀로 어려움을 겪는 점포들이 증가하고 있다.

인구구조 변화로 인한 상권, 상가의 변화

2010년도 이후 누적된 인구구조 변화가 가장 빠르게 변한 시기는 2020년 코로나19 이후이다. 인구구조 변화는 상권, 상가뿐만 아니라 우리 경제 구조를 더욱 심각하게 악화시키는 요인으로 작용하고 있다. 인구구조 변화의 속도는 2010년대 후반에 진입하면서 급속히 악화되어, 특히 코로나19 시기에 변화 폭이 더욱 커졌다. 인구구조 변화에서 나타난 대표적인 현상은 첫째, 출생자 감소, 둘째, 1인 세대의 증가, 셋째, 평균연령 상승에 따른 고령화가 대표적이다.

① 출생자 감소

모든 인구구조 문제의 근원은 출생자의 급격한 감소이다. 1970년 이전까지 우리의 연간 출생자 숫자는 100만 명 이상으로 현재 50대 이상이 여기에 해당한다. 이 시기에는 매년 100만 명 이상이 출생했는데, 현재 생존자는 860만 명으로 우리 10세 단위 구간인구에서 가장 많은 인구 분포를 나타내고 있는 연령대가 이 50대이다. 이 추세라면 향후 5년 이내 가장 많은 인구 연령대는 60대가 될 것이 거의 확실하다. 출생자 숫자는 1970년 1,006,645명을 정점으로 꾸준히 감소해 2010년 50

만 명대가 무너지고, 2020년 272,337명, 2022년에는 24만 명대에 진입하기 이르렀다(이 수치는 행정안전부의 주민등록 인구통계에서 그해 태어난 0세 인구 숫자이므로 통계청 수치와는 차이가 있을 수 있다).

연도별 0세 인구	(단위 : 명)
연도	**출생자수**
1970년	1,006,645
1980년	862,835
1990년	649,739
2000년	640,089
2010년	470,171
2015년	438,420
2017년	357,771
2020년	272,337
2021년	260,562
2022년	244,250

출처 : 통계청, 행정안전부(집계 시점의 차이로 오차가 있을 수 있음)

이렇게 보면 1970년과 2022년 출생자를 비교해도 약 1/4이 감소해 인구 문제가 얼마나 심각한지 알 수 있다.

② 1인 세대의 증가

	인구수 · 세대수 · 세대당 인구 변화		(단위 : 명, 세대)
연도	인구수	세대수	세대당 인구
1980년	37,436,315	7,969,201	4.7
1990년	43,410,899	11,354,540	3.8
2000년	46,136,101	14,391,374	3.2
2010년	48,580,293	17,339,422	2.80
2015년	51,529,338	21,011,152	2.45
2020년	51,829,023	23,093,108	2.24
2022년	51,439,038	23,705,814	2.17

출처 : 통계청, 행정안전부(집계 시점의 차이로 오차가 있을 수 있음)

비혼인구의 증가, 결혼을 하는 경우에도 결혼 평균연령이 높아지고 있으며, 결혼한 부부들도 아예 자녀를 갖지 않는 인구가 많아지면서 1인 가구가 증가하고 있다. 1인 가구를 나타내는 지표인 세대당 인구를 보면 우리 인구구조에서 1인 가구가 얼마나 빨리 증가하고 있는지를 알 수 있다.

전국 평균 세대당 인구는 1980년 1세대당 4.7명, 1990년 3.8명, 2012년 말 2.17명으로 얼마 안 가 1세대당 2명도 무너질 가능성이 크다. 2010년까지는 전국 평균이 2.8명이었지만, 수도권을 포함한 지방 광역시 아파트 지역은 3.0명 초반대로 마케팅 회사에서 4인 가족이라는 이야기가 자연스럽게 통하던 시대였다.

그러나 아파트 입주 후 20년이 넘어가서 새로운 인구가 유입되지 않으면 자녀들은 세대 분리로 이사를 하게 되고, 입주한 지 5년 전후의 신규 아파트 지역이 아니라면 세대당 2.5명을 넘기기도 어려워지면서 더 이상 4인가족을 기본으로 이야기하지 않는다. 결혼하지 않거나, 하더라도 아이를 낳지 않는 인구가 증가하고 있는 이유는 경제적 불안정성, 경력 단절, 결혼 제도에 얽매이기 싫어서, 아이 돌봄서비스 부족, 아이보다는 내 생활을 즐기려는 사람들의 증가 등 이유는 더욱 많아지고 있다. 결혼과 출산에 대한 기피는 당장 개선될 가능성이 없어서 사회경제적으로 불안정성이 커지고, 증가할 수밖에 없는 것이 우리의 상황이다.

③ 평균연령 상승과 고령화의 심화

결혼에 대한 불신과 결혼을 하더라도 자녀를 갖지 않는 인구가 증가하면서 필연적으로 따라오는 것이 평균연령 상승으로 인한 고령화 현상이다.

2022년 12월 우리나라 평균연령은 44.2세로 2012년 12월 39.1세와 비교하면 불과 10년 사이에 5.1세 상승했다. 신생아 출산이 감소하면서 평균연령은 지속적으로 높아질 수밖에 없는 구조를 가지고 있다.

이런 추세로 가면 현재 인구 분포가 가장 많은 50대에서 5년 안에 가장 인구 분포가 높은 연령대는 60대가 될 것이 거의 확실하다.

10년 간 평균연령 변화			(단위 : 세)
지역	2022년 12월 31일	2012년 12월 31일	편차
전국	44.2	39.1	5.1
서울	44	39.2	4.8
부산	46.1	40.8	5.3
대구	44.6	39	5.6
인천	43.3	37.9	5.4
광주	42.4	36.9	5.5
대전	42.9	37.4	5.5
울산	43	36.9	6.1
세종	38.1	40.3	-2.2

출처 : 통계청, 행정안전부(집계 시점의 차이로 오차가 있을 수 있음)

④ 인구구조 변화로 인한 영향력

출산율 저하, 1인 세대 증가, 고령화 심화는 앞에서 설명했듯이 모두 연결된 하나의 문제이다. 그렇다면 이런 인구구조의 변화가 더욱 심화 된다면 우리 상권과 상가에는 어떤 변화가 발생할까?

첫째, 생산력 감소는 구매력 감소를 의미한다.

젊은층의 인구가 지속적으로 공급되지 않고 고령화가 심화된다면 생 산인구는 절대적으로 감소하게 된다. 이 경우 국내 기업들은 생산을 책 임질 젊은 인구가 안정적으로 공급되지 않고 임금만 계속적으로 상승 하기에 생산기지를 해외로 이전할 수밖에 없다. 이는 국내 생산인구 감 소로 연결되고 장기적으로 소비력 감소를 수반할 수밖에 없다.

둘째, 가족과 단체 중심에서 개인 중심 시대로 변화하고 있다.

자영업 시장에서 한때는 4인 가족을 기준으로 구매력을 평가하던 시대가 있었다. 외식업을 예로 들면 개인보다 가족 중심으로 소비가 이루어져서 아빠 엄마, 자녀들이 함께 소비할 수 있는 메뉴나 자녀 중심 소비가 이루어졌기 때문에 프랜차이즈 기업에서는 메뉴도 4인 가족에게 적합하도록 구성했다. 그러나, 1인 세대, 2인 세대의 가족 구성이 일반화되면 자녀가 있는 가족이라도 소비에서는 가족 소비보다는 아빠, 엄마, 자녀 각각의 선호에 따라 개별 소비가 강해질 것이다. 이런 추세는 가족모임이 줄고, 직장에서 팀별, 부서별 회식이 감소하는 데 비해, 개인의 자기개발, 취미에 따른 모임, 혼밥, 혼술 메뉴의 증가도 개인화가 강해지는 하나의 현상으로 나타난다. 음식점에서도 2인 이상, 3~4인용보다는 1인용을 얼마나 가치 있게 구성해 제 가격을 받을 수 있는지가 경쟁력이 될 것이다.

셋째, 대면보다 비대면 소비가 대세가 되고 있다.

1인 세대가 증가하면 소비에 있어서도 대면을 통한 비교 구매보다는 규격화된 상품을 비대면을 통해 구매하는 비율이 증가한다. 이런 추세는 높은 임대료와 인건비가 들어가는 점포보다 꼭 필요한 규모로 슬림화한 매장이 많아진다는 것을 의미한다. 코로나19 이후 이동의 감소와 야간 매출이 올라가지 않고 일찍 발길이 끊어지는 음식점들도 팬데믹에서 엔데믹으로 전환하는 과정에서 상권이 살아나지 않는 측면도 있지만 인구구조 변화가 그만큼 빨라진 것도 변화를 촉진하는 원인으로 판단된다. 상가 시장에서도 새로운 인구구조에 적합한 업종에 합당한 상가의 규모를 어느 정도로 구분해 팔거나 임대할 것인지에 대한 연구가 더욱 필요할 수밖에 없다.

넷째, 서비스업도 개인화 시대이다.

대형 면적에 시설과 장비를 갖춘 헬스클럽에서 개인에게 적합한 피트니스 프로그램을 제공하고, 훈련하는 고부가 가치형 피트니스도 개인화가 강력해지면서 나타나는 현상이다. 또한 대형 학원이나 어학원에서 수백 명이 동시에 수강하던 형태에서 개인 맞춤별로 교육시스템이 변하고 있는 것은 비대면 교육시스템의 정착과 코로나19의 영향도 있지만, 눈에 보이지 않는 1인, 개인화 경향이 뚜렷해지면서 자신에게 맞는 맞춤형 교육을 선호하고 있는 결과이다.

다섯째, 현금 없는 사회와 무인화 시스템의 증가는 대세이다.

점포형 사업에서 현금 없는 결제 시스템을 도입하거나 일부 음식점들에서 사용되긴 했지만, 대규모로 본격적인 시도를 한 업체는 스타벅스이다. 스타벅스는 2018년 시범 서비스에 이어 현재는 대부분 점포에서 현금 없는 결제 시스템을 도입했다. 스타벅스의 현금 없는 점포의 효율성은 직영점 형태로 운영되기 때문에 가능한 시스템이다. 직영 점포 업체의 경우 카드 결제만 사용할 경우 전체 점포의 매출이 집중되기 때문에 기업의 현금 흐름이 분명해지고, 현금계수, 관리를 위한 직원이 불필요해지면서 인건비 절감 효과도 크다.

물론 스타벅스의 결제 시스템은 무인화 시스템이 아니라 점포에서 직원이 고객의 신용카드를 받아서 결제하는 시스템이므로 무인화 시스템과는 차이가 있다. 스타벅스가 현금 없는 점포를 시도한 것은 관리의 효율성 때문이지만, 점포형 사업자들이 무인화 시스템을 시도하게 된 것은 최저임금의 급격한 인상과 비대면 사회로의 빠른 전환의 영향 때문이다. 최저임금이 무인화 시스템에 직접적 영향을 미쳤다기보다 사용자 입장에서는 앞으로 인건비의 급격한 인상에 적극적으로 대비하기 위한 방편으로 무인화 시스템을 서두르게 된 것이다. 무인화 시스템 도입에 가장 적극적인 분야는 자영업 중에서 불가피하게 접촉이 많은 외식업 분야이다.

무인화 시스템의 장점과 과제는?

① 본격적인 키오스크의 도입

키오스크는 판매를 위한 작은 장소나 부스를 가리키는 용어이지만 국내에서는 주로 무인 주문기계를 가리키는 경우가 많고, 고객에게 셀프 POS를 제공해 주문과 결제를 하도록 하는 기계를 말한다. 무인결제 시스템인 키오스크는 공공기관, 은행, 교통 시스템 등에서 다양하게 활용되지만, 이 책에서는 자영업 분야에서 활용되는 사례를 소개하려고 한다.

》 무인 점포 구현 : 편의점, 카페, 문구점, 아이스크림 가게 등에서 결제 시스템을 설치해 고객이 직접 POS기기를 사용하도록 하고 있고, 그 분야도 확대되고 있다. 무인 점포는 창업자나 임대인의 자발적 선택에 의해 시도되지만, 최근에는 상권마다 공실이 증가하면서 건물주가 자구책으로 선택하는 경우가 많다. 완전한 무인 점포 구현의 가장 큰 과제는 보안 문제와 상품 선택 폭의 한계이다.

》 무인출입체크 : 기업과 특정 장소에서 근무시간 및 이외 시간의 출입자 체크를 하는 시스템으로 자영업 분야 중 적극적으로 사용하는 업종은 회원제를 지향하는 업종이다. 대표적으로 스터디카페 등에서 무

인출입체크 시스템을 사용한다.

》 외식업의 키오스크 : 최저임금의 상승과 코로나19로 인해서 가장 적극적으로 키오스크를 도입한 것이 외식업 프랜차이즈이고, 지금은 외식업의 무인주문결제 시스템을 키오스크로 대표해 부른다. 초기 키오스크가 패스트푸드, 카페, 일반음식점에서 시작되었다면 지금은 전체 업소로 폭넓게 확대되고 있다. 음식점 입구나 내부에 키오스크 부스를 세우는 형태에서 최근에는 테이블마다 오더 시스템과 결제 시스템을 결합해 설치하는 업소가 늘고 있다.

》 키오스크의 장점과 한계 : 키오스크의 가장 큰 장점은 인건비 절감 효과와 직접 대면 주문 시 발생하는 스트레스가 없다는 것이다. 단점은 주문 단계가 복잡해 고령자들이 사용에 어려움을 느낀다는 것이다. 상품 및 메뉴에 대한 설명이 부족해 고객에게 메뉴의 적극 어필이 어렵고, 현금 결제가 안 되는 것도 문제이다. 즉, 고객과의 접점을 통한 점포 홍보나 메뉴에 대한 적극적인 어필이 어렵다.

② 조리로봇과 서빙로봇의 효과

외식업에서 무인화 시스템의 선두주자는 키오스크로 코로나19 이전에 도입되어 팬데믹 시대를 맞으면서 피할 수 없는 대세가 되었다. 많은 사람들이 팬데믹이 끝나고 키오스크 활용이 감소할 것으로 내다봤지만 소규모 매장에서도 키오스크가 발전한 형태인 테이블에서 직접 주문할 수 있는 테이블 오더 도입으로 발전하고 있다. 이런 키오스크의 발전과 함께 외식업에서 적극 도입하고 있는 시스템이 조리로봇과 서빙로봇이다. 두 가지 시스템은 외식업에서 점포 공간 변화를 이끌고 있고, 상가 공간에서 절대 다수를 차지하고 있기 때문에 상가 시행사나 매수자 입장에서도 특징을 이해하고 있어야 한다.

조리로봇은 사람을 대체할 수 있을까? 코로나를 전후해 소규모 점포에서 조리로봇 채택은 프랜차이즈 업체를 중심으로 시작되었다. 도입 업체들이 조리로봇의 장점으로 내세웠던 것은 다음과 같다.

첫째, 외식업의 특징상 같은 메뉴를 단순 반복 조리하지만 장기근무자가 적은 외식업 주방 환경에서 안정적인 작업 환경을 유지할 수 있다. 둘째, 주방 환경에서 피할 수 없는 여름 폭염과, 화기의 위험에서 주방 인력을 보호할 수 있다. 셋째, 프랜차이즈 업체들이 도입한 경우 로봇이 조리한다는 가시적인 효과를 기대하는 측면이 있다. 이런 점 때문에 매년 열리는 창업박람회에서 프랜차이즈 업체들 상당수가 조리로봇을 채택하고 있다고 홍보를 하지만 그 효과가 아직은 제한적일 수밖에 없다.

사실 우리 외식업 점포들이 조리하는 메뉴가 제한적으로, 정형화된 시스템이 맛의 균일화를 이루고 있다고는 하지만, 주변 외식 전문가들의 이야기로는 로봇이 조리하는 메뉴의 맛이 사람이 조리하는 것을 아직은 따라가지 못한다고 한다. 물론 이 부분은 앞으로 어떻게 발전할지 지켜볼 일이다.

서빙로봇은 사람의 서비스를 능가할까? 고객이 외식 업소를 방문해 입구에서 직원의 안내에 따라 테이블에 앉고, 테이블의 오더 기계에서 메뉴를 선택해 주문하면 테이블 번호와 함께 주문된 메뉴는 주방으로 전달된다. 완성된 메뉴는 서빙로봇에 실려 입력된 테이블 번호 앞으로 전달되고, 고객은 메뉴를 테이블로 옮기는 수고만 하면 주방에서 고객 테이블까지 별도의 안내직원 없이 서빙된 음식을 즐길 수 있다. 서빙로봇이 배달한 음식은 고객 테이블로 옮겨지고, 버튼 하나만 조작하면 서빙로봇은 다시 왔던 길을 돌아가게 된다.

서빙로봇의 도입 역시 인력 절감을 위해 시작되었지만, 과연 사람의 서비스를 따라잡을 수 있을까 하는 우려도 있었는데, 도입 업체는 대부분 인력 절감 효과와 함께 만족도가 높다고 한다. 서빙로봇의 도입으로 인력 절감 효과 외에 앞서 언급했듯, 서비스하는 직원과 고객 간에 발생할 수 있는 클레임 차단으로 안정적인 음식점 운영이 가능하다는 것을 강점으로 꼽고 있다.

다만, 서빙로봇을 도입하려는 외식 업소에도 공간 설계에 대한 과제가 주어졌다. 사람이 서빙하던 테이블 배치에서 서빙로봇이 테이블 사이를 오가고, 회전과 방향을 바꾸는 데 무리가 없는 공간의 확보가 필요하므로 테이블 숫자의 감소로 피크타임 시 고객을 충분히 받지 못해서 매출 감소로 이어질수 있다. 또한, 서빙로봇이 이동과 방향을 바꿀 때 발생하는 로스 공간을 최소로 하는 공간 면적과 효과적인 크기에 대한 연구는 지속되어야 할 것으로 판단된다. 국내 상가의 지형 구조상 상가 바닥이 모두 평탄하지는 않아서 한 개 점포에서 높낮이가 다른 바닥이 있다면 평면 이동을 해야 하는 서빙로봇 도입 자체가 불가능하다. 따라서 상가나 건물에 외식업 자영업자의 적극적인 유치를 위해 상가 시행사나 매수자는 부지 선택과 건축, 기존 상가의 매수에서부터 어떤 업종이 적합한지 검토한 뒤 만약 음식점 유치를 원한다면 이런 사항을 고려해 선택해야 한다.

자영업의 복합적인 문제에 대한 이해

2010년대 후반기로 가면서 상가의 대부분을 형성하고 있는 자영업 종사자들이 어려움에 직면했다. 앞서 언급한 여러 문제가 한꺼번에 겹쳤고, 코로나19를 거치면서 이 어려움은 더욱 강화되었다. 다음 자료는 자영업의 대표적인 업종인 음식점의 복합적 위기 구조와 그로 인해 파생된 결과의 흐름도이다.

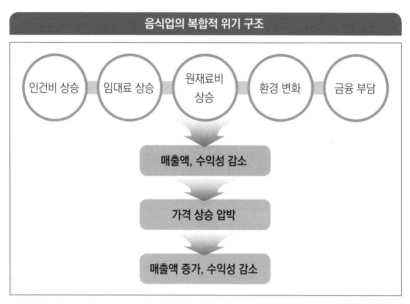

출처 : 저자 작성

① 음식점의 복합적 위기 구조

자영업의 대표적인 업종인 음식점이 복합적으로 어려움을 겪을 수밖에 없는 구조를 살펴보면 앞으로 상가 기획자들이 어떤 업종을 유치해야 할 것인지 이해할 수 있다.

>> 인건비 상승 : 2010년대 후반기에 접어들면서 고비용 저효율의 시대로 본격적으로 진입하고 있다. 음식점들에서 이를 타개하기 위해 무인 점포 바람이 거셌지만 음식점에서는 조리와 서비스 등 사람이 직접 할 수밖에 없는 일이 있다. 따라서 직원들의 장기근속은 줄고, 인건비는 올라가는 이중구조의 어려움에 직면하고 있지만 숙련된 직원을 찾기 어렵게 되었다.

>> 임대료상승 : 코로나19로 인해서 건물주들이 동결했던 임대료를 코로나19 이전으로 돌리는 등 임대료는 상승 국면을 이어가고 있다. 인건비와 임대료는 자영업 종사자들에게 가장 큰 부담이다.

>> 원재료비 상승 : 사회 전반적으로 투입되는 원가 비중이 커지는 중으로 음식점의 경우 원재료의 많은 부분이 국산보다는 수입산에 의존하고 있는 현실에서 국산의 경우에도 인건비 상승, 계절적 수요 불균형, 수입산의 경우에도 수입처 불안으로 원재료 가격이 상승할 수밖에 없는 구조를 가지고 있다.

>> 환경 변화 : 코로나19를 거치면서 근무 형태의 변화로 사회 전반적으로 음주문화가 변하면서 손님이 일찍 끊어지는 등 매출액이 감소하고 있다.

>> 금융 부담 : 코로나19로 시중에 풀린 자금으로 인해서 정부, 가계 모두 금융 비용이 증가하고 대출 회수 압박은 음식점 종사자들에게 부담으로 다가오고 있다.

② 복합적이고 구조적인 어려움으로 인한 결과

매출액이 감소하면서 수익성도 동반 악화되고, 수익성 개선을 위한 홍보와 이벤트의 한계를 느낄수록 고객 증가가 아니라 한정된 고객을 대상으로 매출액을 높여야 한다는 판단을 하면서 가격 상승 압박은 더 커지고 있다. 이로 인해 많은 수의 음식점 종사자는 인상된 가격만큼 매출액은 증가하지만 수익성은 더욱 악화되고 있는 구조에 놓여 있다.

③ 어떤 업종을 선택할 것인가?

창업을 하는 자영업자뿐만 아니라 MD 구성을 할 때 장기적으로 안정성을 유지하기 위해서는 어떤 업종을 선택할 것인지 판단할 때 이제까지는 매출액이 높은 업종 중심으로 선택했지만, 잠재 고객층의 확장성이 넓고, 매출액뿐만 아니라 같은 매출액이라고 하더라도 수익성이 높은 업종 선택의 필요성이 더욱 커지고 있다.

상가, 건물 취득의 목적

건물주(임대인)가 자신이 소유한 상가, 건물에 어떤 업종과 브랜드를 유치할것인지 판단하기 위해서는 상가와 건물을 어떤 목적으로 신축하거나 매수해 취득했는지와 앞으로 어떤 운용 계획을 가지고 있는지에 대해 명확히 할 필요가 있다. 상가 건물 취득은 일반적으로 개인이나 법인이 통상가나, 구분상가 형태로 취득하게 되는데, 취득 목적은 다음과 같다.

자기 목적에 활용하기 위한
상가, 건물

기업의 사옥용, 단체의 본부 건물, 병원 등 목적에 맞게 사용하기 위해서 신축, 취득하는 경우이다. 사옥이나, 병원용은 상가, 건물 대부분을 사용하지만, 단체의 경우에는 일부만 본부 건물로 사용하고 대부분은 단체 운영을 위한 임대 수익 목적으로 사용한다. 대표적인 단체의 경우로 경제단체나 협회, 종친회가 있다. 자기 목적성으로 활용하는 상가, 건물의 경우 목적성 외의 공간이 어느 정도인지에 따라서 유치하는 업종과 브랜드가 정해진다.

첫째, 대부분 공간을 목적성에 맞게 사용할 때 나머지 공간은 임대 수익보다는 입주업체의 편의성에 맞는 업종과 브랜드를 유치하는 게 일반적이다. 대표적인 업종, 브랜드가 입주업체 직원의 편의성을 위한 카페, 편의점이다.

둘째, 경제단체나 협회, 종친회 등과 같이 상가, 건물을 취득해 임대 수익을 가지고 조직을 운영하려는 경우이다. 이 경우 자기 목적에 맞는 사무실 공간은 최소로 하고, 대부분은 수익용으로 업종, 브랜드는 단체의 취지에 맞지 않는 업종을 제외하고 수익이 높은 업종, 아이템을 유치한다. 이 경우 건물주의 관리가 제대로 이루어지지 않아서 한 번 공실이 된 뒤에 장기 공실이 된 사례가 많다. 따라서, 협회, 단체에서 상가, 건물을 취득할 때는 임대료가 높은 업종이나 브랜드보다는 지속 가능하고 안정적인 업종, 브랜드 유치가 필요하다.

수익형 상가로의 활용

주택은 소유의 목적이 직접 주거를 하거나, 전월세를 통해서 임대 수익을 얻는 데 있다. 이에 비해서 상가, 건물의 취득 목적은 수익형 부동산으로 시세 차익을 통한 기간 차익을 얻거나, 임대 수익을 통한 수익을 얻기 위해서이다. 취득 상가, 건물에 대해서 시세 차익이 목적인지, 임대 수익이 목적인지가 명확해져야만 입점 유치할 업종, 브랜드가 정해진다. 시세 차익이 목적인 건물은 대중에게 인지도가 높은 업종, 브랜드의 유치가 필요하고, 임대 수익에 목적이 있을 경우 일반적으로 임대료의 수익률이 높은 인기 업종 위주로 유치하게 된다. 이 경우 임차인이 수익성이 좋지 않을 경우 조기 폐업하고 장기 공실로 갈 가능성이 높다. 그래서 임대 수익률 못지않게 임대 안정성이 높은 업종인지도 중요하다.

그렇다면 상가, 건물의 취득 목적에 따라서 시장 가치를 평가할 때 따져보아야 할 것은 무엇이 있는지 살펴보자.

신축 후 매각?

보유 중이거나 매수한 토지에 상가, 건물을 신축해 건축비에 마진을 붙여서 매각하는 경우이다. 매각은 완공 이전부터 시작되며, 사용승인을 전후해 본격적으로 진행된다. 매수자가 임대 수익률을 중시할 경우 사전에 수익성 높은 업종, 브랜드를 유치하면 매각이 성사될 가능성이 높다. 이때 매수자가 알고 있는 지명도 높은 브랜드일 때 매각 가능성은 더욱 높아진다.

그러나 신축 상가, 건물을 매수하려는 목적 대부분은 매수자나 매수법인의 특수 목적을 위해서인 경우가 많으므로 신축 상가, 건물이 특수 목적에 얼마나 부합하는지에 초점을 맞추어 프로모션할 필요가 있다.

시세 차익 실현?

시세 차익을 목표로 하는 상가, 건물은 구분상가보다는 통상가에 집중되어 있다. 통상가, 건물의 경우 수도권의 임대 수익률이 1~2%에 불과하고, 취득 시기와 매각 시기가 짧아서 양도소득세가 과도하더라도 최근 몇 년 사이 부동산 가격 급등으로 세금을 제외하고 차익 상승이 임대 수익률을 앞섰기 때문에 가능했다. 그러나, 이런 구도는 대출 금리가 낮아서 가능하지만 대출 금리가 오르면 언제든지 불안정해질 수 있다. 즉, 앞으로 부동산 가격이 상승하지 않고, 저금리가 유지되지 않는다면 임대 수익으로 이자 부담이 불가능해지거나 현금 동원력이 떨어지면서 언제든지 어려움에 빠질 수 있다.

상가는 임대 수익률이
높으면 최고일까?

통상가, 구분상가를 막론하고 수익성 상가는 본래 안정적인 임대료를 통해서 수익률이 높으면 최고의 상가로 인식되었다. 그러나 업종의 수명 주기가 짧아지고, 상권의 변화 속도가 빨라지면서 수익률 못지않게 업종, 브랜드의 지속성이 높은 안정적인 업종, 브랜드를 유치하기를 모두 희망한다. 수익성 상가라면 높은 수익률이 필요하지만 상권과 상가의 트렌드가 끊임없이 변하기 때문에 높은 수익률 못지않게 오래도록 길게 버티면서 안정적인 임대료를 줄 수 있는 업종, 아이템을 유치하는 것이 필요하다.

상가는 임대 수익률?

상가, 건물의 취득 목적은 앞서 언급했듯 시세 차익을 통해서 수익을 실현할 것인지, 임대 수익률을 통해서 가치를 실현할 것인지에 대해 판단하는 데 중요하다. 이제까지 상가, 건물은 수익률이 낮아도 시세 차익이 크다면 양도소득세를 내고도 월세 수익의 몇 배의 수익이 발생해 시세 차익이 임대 수익률에 의한 가치를 앞질러왔다. 그래서 통상가 건물은 상가 수익률보다 시세 차익이 목적인 경우가 많고, 구분상가의 경우 상가 수익률을 목적으로 취득하는 경우가 많다.

금리 변수(레버리지 효과의 변수)

상가, 건물뿐만 아니라 지난 수년 동안 부동산 시장을 지탱해왔던 것은 저금리에 의해 시중에 공급된 자금이었다. 일반적인 상가, 건물 대출은 감정평가 비율의 50% 전후였으나 과잉 공급된 자금으로 인해 많게는 70% 비율까지 공공연하게 대출이 공급되었다. 따라서 대출로 인한 레버리지 효과에 편승해 기대 수익률은 덩달아 상승했고, 수치적으로는 시장 상승을 주도해왔다.

그러나 2022년 하반기부터 본격적인 금리 상승기로 들어서며 임대 수익률보다 금리가 더 높아지는 현상으로 인해 역레버리지 효과가 나타나고 있다. 즉, 부동산 활황기에는 대출 금리가 하향 안정세였으나 코로나19 이후 금융 시장의 불안정이 지속되고 있어 금리는 등락을 반복하고 있다. 현재 부동산 시장에서 가장 큰 변수는 금리가 되었다.

특히 상가, 건물은 주택에 비해서 담보인정비율이 낮지만, 과거 관행상 대출 시 전체 가액의 약 50%에 가까운 금액을 대출받았다는 점을 감안하면 대출 비중이 높을 경우 이자에 대한 부담 비율이 더욱 올라갈 수밖에 없다. 정부로서도 서민생활의 안정을 위해서 꾸준히 대출 금리를 관리하고 있지만, 금리가 상승하면 금융기관들은 위험을 관리하기 위해 예상 손실에 대한 대손충당금을 쌓기 때문에 언제든지 이에 따른 영향으로 금리도 더욱 높아지는 구조이다. 따라서 개인이 상가, 건물 투자 시, 특히 부동산 격변기에 가장 주의를 기울여야 할 것이 금리의 위험성을 안정적으로 관리하는 것이다. 이를 위해서는 어떤 경우에도 대출 금리를 감당할 수 있도록 공실이 생기지 않게 해야 한다.

상가 수익률, 얼마면 만족할까?

금리 문제에서 언급했듯이 특수한 목적으로 취득하거나 시세 차익이 목적인 통상가 건물은 임대 수익률에 연연하지 않는다. 즉, 특수 목적으로 취득하는 상가, 건물의 경우 해당 목적에 맞다면 투자 목적이 달성되었다고 판단되며, 시세 차익을 기대할 경우 미래 가격 상승만 기대된다면 상가 수익률이 낮아도 충분히 만족할 수 있었다. 그러나 시세 차익보다는 상가 수익률을 가치 판단의 기준으로 생각하는 구분상가의 경우 상가 수익률이 얼마나 되는지는 가치를 따질 때 무엇보다 중요하다. 다음은 시장에서 상가 수익률을 검토하는 방법이다.

대출을 고려하지 않은 수익률

▶ 분양 가격 10억 원, 보증금 1억 원, 월 임대료 380만 원으로 가정

- 수익률 공식 : (월 임대료×12)÷(매매(분양)가 – 임대보증금)

  ×100

  : (380만 원×12)÷(10억 원 – 1억 원)

  ×100 = 5.06%

대출을 고려한 수익률(금리 3%대와 6%의 경우를 비교)

▶ 분양 가격 10억 원, 보증금 1억 원, 월 임대료 380만 원, 대출(분양가 40% : 4억 원, 금리 3%일 경우)

- 수익률 공식 : (연간 수익 – 연간 대출 이자) ÷ 실투자금(매매 또는 분양 가격 – 임대보증금 – 대출금)×100

- 연간 임대 수익 : 월세 380만 원×12 = 4,560만 원

- 연간 대출 이자 : 4억 원×0.03 = 1,200만 원

- 실투자금 : 10억 원(분양가) – 1억 원(임대보증금) – 4억 원(대출금)

  = 5억 원

- 수익률 계산 : (4,560만 원 – 1,200만 원)÷5억 원×100

  = 6.72%

▶ 분양 가격 10억 원, 보증금 1억 원, 월 임대료 380만 원, 대출(분양가 40% : 4억 원, 금리 6%일 경우)

- 수익률 공식 : 앞과 동일하고 다만 금리가 6%가 됨으로써 금융 비용이 상승해 대출 이자는 2배가 된다.

- 연간 임대 수익 : 월세 380만 원×12 = 4,560만 원

- 연간 대출 이자 : 4억 원×0.06 = 2,400만 원
- 실투자금 : 10억 원(분양가) – 1억 원(임대보증금) – 4억 원(대출금)
        = 5억 원
- 수익률 계산 : (4,560만 원 – 2,400만 원)÷5억 원×100 = 4.32%

  이렇듯 저금리 시대의 금리는 상가 수익률보다 아래에 있어서 금융 비용이 낮다 보니 얻을 수 있는 레버리지 효과 덕분에 수익률이 높으나, 금리가 기대 수익률을 추월하는 경우 역레버리지 효과로 인해 상가 기대 수익률 이하로 떨어질 수도 있다.

상가, 건물의 가치평가는?

상가 가격의 시장성

최근 몇 년 사이 공시지가에 대한 시가 반영률이 꾸준히 높아지며 상승세가 지속되었다. 또한 신도시, 택지지구에서는 공급되는 상가 용지에 대한 공급예정가 역시 꾸준히 높아졌고, 더욱이 2010년도 초반 이후 상가 시장 활황으로 상가 용지의 낙찰률은 용지 공급예정가의 최대 400%까지 치솟으면서 상가 분양가의 동반상승을 가져왔다. 일반적으로 신축 상가 분양가를 구성하는 요소는 '토지 가격 + 건축비(설계비, 공사비, 운영관리비, 시행사 마진, 분양 수수료, 기타 비용)'로 구성된다. 여기서 분양가를 보면 평균적으로 약 40%가 토지 비용인데, 상가 용지가 400%에 낙찰되었다면 공급예정가 평당 1,000만 원이 4,000만 원이 되었으니 토지 원가가 4배나 높게 발생되었다는 이야기이다. 최근 몇 년 사이 인건비와 원자재 비용의 급등으로 건축 비용이 상승한 것도 같은 맥

락에서 이해하면 된다. 현재 상가 시장은 부동산 전체 시장의 불확실성이 커지면서 2022년부터 상가 용지 낙찰률이 급락하고, 공급예정가 100% 전후를 넘지 않는다고 한다.

토지의 낙찰률이 낮아진 것은 부동산 가격 결정에서 가장 큰 요소인 토지가를 낮추었지만, 높아진 원자재 비용과 인건비가 여전히 불안정하다면 안정화되기까지 좀더 시일이 필요하다. 무엇보다 용지가 공급되고 바로 시행에 나서지 않는 현장 상황을 고려하면 현재 시행 중인 대부분의 상가들은 과거 고분양가 때 낙찰받은 용지로 여전히 가격이 높고, 원자재 비용과 인건비는 현재의 상황이 반영되므로 여전히 낮추기 어려운 상황이다. 이렇다 보니 현장에서 미분양 물건이 쌓이면서 할인 분양에 나설 수밖에 없을 것이다.

목적성과 희소성에 따라서 달라지는 가치

상가, 건물의 가치를 동일한 기준으로 평가할 것 같지만, 특정한 목적에 맞는 건물의 희소성이 높다면 가치는 평가 가격에서 프리미엄이 적용된다. 시장 가격은 공급자가 의도적으로 가격을 높이는 경우도 있지만, 여러 명의 수요자가 하나의 상가, 건물에 몰린다면 공급자가 의도적으로 높이는 가격보다 프리미엄이 형성된다. 이런 상가 건물에는 상권의 랜드마크에 해당하는 건물, 의료시설, 구분상가의 메디컬 상가, 약국 용도, 복합상가의 전략 점포, 프랜차이즈의 브랜드 홍보 전략을 위한 플래그숍, 로컬 상권의 생활용품 소매점들이 해당된다.

상가, 건물의 평가방법

부동산 가치를 평가할 때 공식적인 평가방법은 감정평가기관을 통한
방법이 있는데, 이들은 주관적 평가를 배제하고 기계적 평가를 한다.
이것은 국내의 경우 감정기관의 부동산 가치평가 목적이 금융기관의
대출이나, 개발을 위한 보상과 법적 절차 진행시 가치를 판단하는 방법
이기 때문에 기계적인 평가를 할 수밖에 없다. 먼저, 감정평가기관에서
사용하는 기계적 평가의 방법을 살펴보자.

① 거래사례비교법

부동산 평가방법에서 가장 폭넓게 사용하는 방법으로 동일하거나 유
사한 상권의 거래사례를 비교해 평가하는 방법이다. 만약 A상권에 있
는 B건물의 가치를 평가하려고 할 때, 동일 상권에 유사한 규모의 C건
물이 거래되었다면 C건물의 거래사례를 B건물의 가치평가에 참고하
는 방법이다. 이 평가법의 문제는 지금과 같은 금리와 부동산 환경 격
변기에는 동일한 환경이라도 거래 시기에 따라서 가격이 달라지기 때
문에 C건물의 거래사례를 B건물 거래에 비교평가하기에는 한계가 있
다는 것이다. 매매거래에 의한 거래사례비교법과 함께 임대 사례를 비
교해 평가하는 방법을 '임대사례비교법'이라고 한다.

② 원가법

원가법은 대상 물건의 재조달 원가를 기준으로 감가수정해 가치를
평가하는 방법을 말한다. 일반적으로 토지는 공시지가를 기준으로 평
가하고, 건물 부분에서 건축 원가를 구한 뒤 재비용을 합산해 평가한

다. 구분상가의 경우 각각의 구분상가 호수별로 가액을 배분하는 방법을 사용한다.

③ 수익환원법

대상 물건이 장래 산출할 것으로 기대되는 순수익이나 미래의 현금흐름을 환원하거나 할인해 가액을 산정하는 감정평가방법을 말한다. 이때 대상 기간의 적정 금리와 임대시세를 수익률로 환원해 계산한다.

④ 참고 의견

감정평가기관은 물건의 객관적인 가치평가를 위해서 감정평가사의 주관적인 판단을 최대한 배제하고 엄격하게 기계적인 평가를 할 수밖에 없다. 앞에서 언급한 것과 같이 감정평가가 가장 많이 이용되는 것은 금융기관 대출 등이기에 주관적인 평가를 배제해야 하지만 대출 의뢰인이나 금융기관 모두 최고의 평가를 받길 원한다.

즉, 대출 의뢰인의 경우 최고 한도로 대출을 받기를 원하고, 금융기관은 평가금액이 높아야 대출 비율이 높아져서 이자 수입이 높아지기 때문이다. 결국 의뢰인과 금융기관이 서로의 이해가 일치하다 보면 기계적인 평가에서도 서로의 이익을 최대한 반영하는 평가를 할 수밖에 없는 한계가 있다고도 할 수 있다.

MD 구성을 위한
상권 분석

MD 구성을 위한
상권 조사 진행 과정

상권 조사가 필요한 이유는 상가 투자나 자영업 창업을 하는 경우 상권이 어떤 경쟁력을 갖추고 있는지 정확히 분석해야만 실패하지 않기 때문이다. 임대 수익을 목적으로 취득하거나, 신축한 상가에 있어서도 매수나 신축 준비 단계에서 상권 조사에 따라서 어떤 업종, 아이템을 유치할지 결정할 때 성공적 투자가 가능하다. 분양 상가에 있어서도 시행사는 상가의 어떤 점이 경쟁력이 있는지 상가 투자자나, 선임대를 위한 프랜차이즈 본사에 프로모션할 수 있어야 최종 목표인 완판을 이룰수 있다. 이번 장은 MD 구성을 위한 상권 조사를 어떤 과정을 거쳐서 진행할지 신도시를 기준으로 예를 들어 설명하려고 한다.

1단계 – 도시의 전체적인 윤곽과 도시계획확인

도시의 전체적인 윤곽 확인을 위한 자료에는 첫째, 도시계획 개요, 둘째, 토지이용계획표, 셋째, 토지이용계획도가 필요하다. 관련 자료로는 도시의 개발 주체(주로 LH, 지방도시공사)에서 발표하는 행정자료와 상가 분양 현장에서 배포하는 카탈로그를 통해서도 확인이 가능하며, 각각 다음의 내용을 확인할 수 있다.

>> **도시계획 개요** : 도시의 규모와 어떤 목적으로 이 도시가 계획되었는지에 대한 설명이다. 인구 세대수 계획을 확인할 수 있다.

>> **토지이용계획표** : 각 토지의 용도별 규모를 확인할 수 있다. 이를 통해서 도시의 각 용도별 규모를 확인한다.

>> **토지이용계획도** : 토지이용계획표의 내용을 용도에 따라서 지도 위에 색깔을 달리해 표시한 것이 토지이용계획도이다. 아파트 지역, 상업 업무용지, 주택용지, 공원, 도로 확인을 통해서 상권 구조를 확인할 수 있다.

2단계 – 도시의 상권 구조 분석

도시 외부와 내부를 연결하는 도로와 각 생활권의 주택지를 연결하는 도로를 통해서 차량 및 도시 주민들의 이동 흐름을 예측한다. 또한 각 상가 용지의 위치와 규모를 통해서 상권 형성을 예측할 수 있다. 집 객력과 상가 규모가 큰 중심 상업용지 → 준주거, 근린생활 용지 → 이 주자택지 → 단지 내 상가 순으로 검토하는 것이 효과적이다.

3단계 – 인구 세대수 평가

도시의 배후인구에 대한 분석이다.

① 인구, 세대수 계획

공동주택, 주상복합, 단독주택 계획 세대수와 유입 예상 인구수를 평 가한다.

② 공동주택(아파트) 평가

아파트 공급 방법과 시기, 면적, 시행사에 대해 평가한다. 만약 미시 행, 미분양 택지가 있다면 위치와 그 원인에 대한 검토가 필요하다(주된 원인은 부동산 경기와 해당 택지나 도시의 인기가 떨어졌기 때문이다).

③ 학교 계획

인구, 세대수 평가에서 필요한 내용 중 하나가 학령 인구에 의한 학 교 계획이다. 특히 생활권 단위로 설립되는 초등학교와 학원들의 유입 이 적극적인 고등학교의 설립은 상권 평가에서 무엇보다 중요하다. 지 방 도시 중에서 산업단지가 잘 조성되어 기업들의 경제 활동이 활발한 지역도 고등학교가 없을 경우 산업단지 근무자들이 자녀 교육문제로 인접 도시로 빠져나가는 경우는 흔하게 보는 사례이다. 이런 경우 산업단지 근로자들을 위한 일부 야간 유흥 상권만 형성되고 지역에 정착하는 주민들 상권이 제한되어 주간의 상권 활성화가 어렵기 때문에 다양한 업종이 진입하지 못한다.

4단계 - 교통 및 집객, 지형 분석

① 교통 분석

지하철, 철도, 고속도로, 국도계획과 개통 시기에 대해 검토한다. 특히 지하철, 철도의 경우 도시계획 반영보다는 반드시 실제 공사, 시작 시기와 완성 시기 예측이 중요하다.

② 집객 시설 분석·자족 기능 분석

쇼핑몰, 공공기관, 집객 시설, 자족 기능 계획과 입주와 정착의 가능성에 대한 분석이 필요하다. 특히 건물만 크고 실제 근무자가 많지 않거나 자족 기능 건물 완공 후 입주가 적기에 이루어지지 않는 곳도 많으니 주의가 필요하다.

③ 지형지물 검토

국내 자연환경이 등고 차가 크고, 산, 하천, 호수가 많은 점, 인공 공원과 경계 녹지로 인한 상권 단절 영향도 상권 분석에 반영해야 한다.

5단계 - 상가 분석

① 상가 규모의 적정성

>> **전체 건축물과 상가의 연면적에 대한 검토** : 대형 상가의 경우 공실
률이 높고 상권 활성화가 늦어지는 경우가 많으니 이에 대한 검토가 필
요하다.

>> **구분상가 개별 면적의 적정성** : 상가 개별 MD 업종에 적합한 면적
인지 따져볼 필요성이 있다.

② 예상 MD 분석

>> **층별 예상 MD** : 층별 예상 MD를 통한 활성화 가능성에 대해 검토
한다.

>> **선택 상가 MD** : 투자 선택 상가에 입점 가능성이 있는 임대 예상
업종을 검토한다.

③ 분양가 비교평가

인접 비교 신도시와 분양가 비교 및 신도시 동일 용도 지역 내 상가
의 분양가를 비교한다.

6단계 - 경제 · 사회적 환경 분석

경기 상황과 정부의 부동산 정책 변화를 분석한다. 특히 임차인이 될
소상공인의 경기 상황 분석과 정부의 경제 정책의 방향에 대한 검토가

필요하다. 최근 몇 년 사이 김영란법, 최저임금의 급격한 인상, 근무 시간과 근무 형태, 법정근로시간의 변화는 자영업자들에게는 가장 강력한 위협요소로 작용했다.

7단계 – 전략

① 시행·분양사 상가 활성화 전략

키 테넌트(Key Tenant), 선임대 아이템(브랜드)에 대한 검토와 유치 전략 및 입주 지원(렌트 프리, 인테리어비 지원, 수수료 매장일 경우 수수료 경감) 내용을 검토한다.

② 대출 조건 검토

시행사, 분양사와 제휴한 금융사가 제시한 금리와 대출 조건을 검토한다.

8단계 – 수익성과 위험 분산

① 투자 수익률

상가 분양가 대비 투자 수익률을 검토(대출 포함 및 대출 미포함)한다. 대출 포함 수익률만으로 계산할 경우 공실 발생 시 고스란히 투자자 손해가 발생하므로 대출 미포함을 동시에 검토해야 한다.

② 입점 예상 MD(업종)를 기반으로 한 예상 임대료

입점 예상 MD(업종)의 매출액 추정을 토대로 임대료 가능 수준을 검토한다.

③ 인접 지역의 임대료 수준

>> 인접한 상권의 상가 임대료 수준을 확인한다.

>> 현실적인 투자 수익률 : 현실적인 예상 임대료를 기초로 한 수익률을 예상해본다.

④ 위험 분산 전략(공실 해소 전략)

사용승인 후 공실 예상 기간과 대출 금리에 기초한 공실 예상 기간의 지불 금리 합계를 검토하고, 그 기간(공실 발생 기간)의 위험성을 피할 수 있는 전략을 수립한다.

상권 구조 이해의 필요성

도시를 중심으로 형성된 우리나라 상권의 경우, 상권 분석을 위해 가장 먼저 필요한 작업이 도시 상권 구조의 이해이다. 도시 상권 분석은 단순히 배후인구의 규모와 질, 중심 상권은 어디인지, 경쟁점은 얼마나 많은지 등을 파악하는 것으로 생각하기 쉽지만 이보다 먼저 진행해야 할 것이 도시 인구들이 어떻게 이동하고 집중하는지, 선택 상권뿐만 아니라 경쟁을 하는 인접 상권은 어떻게 구성되고 있는지에 대한 이해이다.

모든 상권이 일정한 상권 범위를 형성하고 독립적으로 형성되었으면 관계가 없겠지만, 앞서 상권 역사에서도 언급했듯이 경제적 활동 기반이 다르고, 접근하는 방법에 따라 상권의 범위가 다르기 때문에 다양한 상권을 이용하게 된다. 따라서 각각 상권이 인접해 있을 때는 선택 상권뿐만 아니라 인접 상권을 포함한 이해관계가 있는 상권 간의 구조를 이해해야 하는데, 이때 각각의 상권을 연결하는 교통수단이나, 도로망의 분석을 통해서도 알 수 있다. 그렇다면 도로망과 교통수단이 상권 구조에 어떻게 영향을 미치고 있는지 사례를 살펴보자.

성남대로 상권 구성도

출처 : 카카오지도

성남 시민의 중심 이동 도로 성남대로

성남대로는 구 성남인 수정구와 중원구 및 신 성남인 분당구를 전체를 남북으로 연결하는 중심 도로이다. 도로 범위는 외부순환도로 송파 IC 출구앞(복정역)에서 용인시와 경계인 농협 성남하나로마트까지 약 20Km를 말한다. 이 도로를 따라서 성남 시민 대부분이 이동하고, 성남시의 지하에는 수인분당선이 지난다. 성남시는 광주시와 연결되는 경충대로 기준으로 북쪽을 구성남, 남쪽을 분당신도시라고 부르고, 인구 분포를 보면 분당구에 52%, 구도심인 수정구, 중원구에 48%가 거주한다.

성남시 상권을 이해하기 위해서는 성남대로를 따라서 도로 및 교통망이 어떻게 구성되고 있는지 이해하면 좀더 쉽게 파악할 수 있다. 먼저 성남 구도심 상권에 영향을 미치는 도로와 교통망을 알아보자.

① 성남 구도심 상권

출처 : 카카오지도

≫ 경충대로 : 경충대로는 성남과 광주시를 연결하고 광주에서 이천으로 연결되는 국가 핵심 도로로 3번 국도가 신설되기 전 이 도로가 3번국도 역할을 했다. 경충대로 성남시 구간은 구도심과 분당신도시 경계이기도 하지만, 오래전부터 경기 이남의 장꾼들이 모란 5일장과 송

파장을 찾기 위해서 이동하던 역사가 깊은 도로이다. 사실상 성남시에서는 모란장이 유지되는 핵심 도로였다. 그러나 3번국도가 신설되면서 도로 환경이 정비되고 교통망이 좋아진 뒤 경기 동부권 주민들이 경제활동 시 성남모란 상권보다는 서울이나 분당 상권을 이용하는 비율이 증가했다. 현재 경충대로와 3번국도 역할은 성남시 구 상권인에 영향을 미치기보다 외곽도로와 연결되어 경기도 광주시의 주민뿐만 아니라 서울과 경기 지역 주민들의 경제활동을 위한 이동 도로 역할이 크다. 경제활동과 교통 환경이 변하면서 상권도 변한 사례이다.

≫ 산성대로 구간 : 산성대로는 남한산성 앞에서 단대오거리를 거쳐서 모란역까지 이어지는 도로이다. 성남시 구도심 재개발의 핵심 구간으로 수진동, 신흥동 주변 대부분이 재개발이 진행 예정이고 종합시장은 재건축을 마무리했다. 단대오거리 주변은 금광1구역 재개발사업으로 입주한 5,320세대의 금빛그랑메종 아파트가 있고, 단대동 법원 주변은 단대푸르지오 등으로 재개발을 완료했고, 남한산성 방향 은행동 을지대학입구 앞은 재개발 예정이다. 단대오거리에서 금빛그랑메종 앞 광명로에서 상대원동으로 넘어가면 성남산업단지가 연결되어 산업단지 직장인들의 주요 출퇴근 동선으로 이용된다. 산성대로 주변은 유입되는 인구 규모가 크고, 단대오거리, 종합시장, 모란역 등 거점을 형성할 수 있는 입지는 많은데 비해 집객력을 발휘할 만한 상권 랜드마크가 없다는 게 가장 큰 약점이다.

≫ 수정로 구간 : 8호선 산성역에서 태평역으로 연결되는 약 3km 구간을 말한다. 성남시에서 재개발이 가장 활발한 구간으로 신흥, 산성, 태평구역 일부는 사업이 완료, 진행 중이거나 예정이다. 현재 사업이 완료되었거나 진행 중인 곳은 2020년 7월 입주 완료한 산성역 포레스티아 4,089세대와 2023년 10월 입주 예정인 산성역 자이푸르지오 4,377세대가 있는데, 이들은 앞으로 태평역 방향 수정로를 이용하거나 8호선 산성역을 이용해 잠실역에서 환승하는 방법을 택하고, 도로는 위례신도시 방향 헌릉로 방향을 통해서 이동할 가능성이 크다. 태평역 방향 수정로의 경우 주거지역과 중앙시장을 중심으로 전통 시장이 잘 발달되어 있어서 태평역에서 성남대로에 합류하는 흐름을 많이 이용한다. 이런 영향으로 중앙시장 사거리 인근은 전통 시장 못지않게, 태평역 방향의 정병원, 곽여성병원, 중앙시장 주변의 의원급들의 개원 빈도가 높은데, 이는 집객력이 크기 때문이다. 향후 산성역과 성남초등학교 인근까지 재개발이 완료되면 단지 내 상가 못지않게 거점형으로 성남 초등학교에서 숯골사거리 방향 주변의 상가 개발은 눈여겨볼 만한 지역이다. 태평, 수진 구역 개발은 앞으로 진행은 되겠지만 언제 완료될지 모르니 여기서 언급하기는 어렵겠다. 태평역 주변은 분명히 차량 집객력이 큰 지역인데, 남북이 모두 경사로로 상권 집객을 발휘하기에는 한계가 있지만 개발업자가 어떤 창의성을 발휘하는지에 따라서 충분히 가능성 있는 입지로 성장할 여지가 있다.

② 분당구간

성남대로에서 분당구 구간은 여수동 성남시청에서 구미동 농협 성남 하나로마트까지를 구간으로 하고 있다. 분당 상권은 성남대로와 함께 분당선 지하철 역세권을 따라서 상권이 형성되는데, 분당 상권에서 의미 있는 몇 개 역세권을 살펴보기로 하자.

≫ 야탑역 상권 : 야탑 상권의 상징적 랜드마크는 현재는 사업을 철수했지만, 2004년 영업을 시작한 성남종합터미널과 상권 영향력이 감소한 NC백화점(구 뉴코아)과 분당차병원이 있다. 황금기를 누렸던 1990년대~2000년대 초중반 야탑 상권은 이들 랜드마크 주변에 나이트클럽, 단란주점, 바, 카페, 숙박 등 유흥 상권이 폭넓게 형성되어 황금기를 누렸다. 그러나 야탑 상권은 오랫동안 유흥이 중심이어서 상가들이 침체되면서 과거와 같은 활성화는 보여주지 못하고 있다. 다만, 야탑동과 이매동 주민들의 충분한 배후인구 규모로 인해 지역 주민에게 필요한 메디컬 상가들은 비교적 안정세를 보여주고 있다.

≫ 서현과 수내 역세권 : 분당구청이 서현과 수내역 중간에 위치한다. 분당신도시가 개발되어 가장 먼저 입주를 시작한 것이 서현과 수내 지역이다. 서현역의 AK플라자, 수내역의 롯데백화점을 비롯해 분당제생병원 등 비급여 비중이 높은 의원급 전문 메디컬과 치과, 한의원 개원도 활발한 역세권이다. 지역적으로 서현로를 따라서 광주시 오포 지역주민들도 서현역 상권을 이용하는 특징이 있다. 분당 상권의 대표를 꼽자면 서현역이 1등이고, 수내역은 서현과 상권의 컬러가 비슷하지만규모 면에서 서현을 뛰어넘기는 어렵다는 게 개인적 생각이다.

≫ 정자역 상권 : 정자역 상권은 분당 두산타워와 네이버 본사로 인해직장인 그룹과 주변 아파트 단지로 인한 업종 구성이 잘 이루어졌다는

특징이 있다. 안정적인 소득이 있는 두 거대 기업 집단과 주변 직장인으로 인해 카페 거리를 포함한 성남의 대표적 맛집들이 집중되어 있고, 주거지역 밀집으로 학생들을 위한 학원가 또한 잘 형성되었다는 특징이 있다. 또한, 정자역은 분당선과 신분당선이 환승하는 지역으로 판교와 분당을 연결하는 지역적 장점이 있는 곳이다.

>> **미금역 상권** : 미금역은 성남의 실질적인 수인분당선의 남쪽 마지막 상권 지역이다. 분당서울대병원이 있고, 미금역 주변 금곡동뿐만 아니라 구미동에 안정적인 배후 아파트 단지뿐만 아니라 과거 신분당선이 개통되기 이전 용인 동천동으로 가는 사람들이 미금에서 마을버스로 환승했다. 이런 영향으로 안정적인 직장인 배후세대로 인해 미금역은 인접한 아파트 지역이 많지만 카페, 주점, 유흥 상권이 폭넓게 형성된 상권이었다. 최근에는 유흥 관련 업종을 포함한 대형 구분상가들이 침체하면서 변화를 모색하는 건물주들이 많아지고 있기에 대형 면적이 필요한 업종의 경우 지역 부동산 중개업소를 통해서 용도변경을 전제로 의사를 타진해보는 것도 하나의 선택지가 될 수 있을 듯하다.

김포한강신도시의 상권 구조

2기 신도시인 김포한강신도시의 상권을 이해하기 위해서 김포시 전체와 중심상업지구인 구래동 상업지역의 상권 구조를 살펴보면 흥미로운 사항을 배울 수 있다. 김포시의 경계는 김포공항에서 48번국도(김포대로)를 따라서 강화대교 이전까지이다. 도시는 북으로는 한강이 접하고, 동쪽으로 김포 원도심, 중앙지역에 한강신도시, 서쪽에 도농복합지역이 위치하는 구조이다.

앞서 설명한 분당과 일산의 경우 중심 도로를 따라 도시가 조성된 이후 분당선(이후 수인분당선)과 3호선이 개통되어 도시 중심 교통수단이 되었듯이, 김포신도시도 도시가 완성된 뒤 10여 년 이후 김포도시철도 골드라인이 김포공항에서 구래동까지 개통되어 중심 교통수단 역할을 하고 있다.

김포한강신도시 상권 구성도

(2022. 12. 31 기준, 괄호 안의 숫자는 인구)　　　　출처 : 카카오지도, 행정안전부 주민등록 인구통계

김포시의 기본적인 상권 구조는 앞서 설명한 성남시의 성남대로와 마찬가지로 48번국도(김포대로)를 따라서 상권이 연결되기는 하지만, 도농복합지역 도시의 뚜렷한 특색을 나타내면서 독립적인 상권 형태를 띠고 있었다. 다만, 김포한강신도시 상권이 안정화되면서 구도심과 신도시로 상권이 나뉘어지고 점차적으로 상권은 김포한강신도시 시범지구였던 장기지구와 구래동, 마산동권으로 집중되고 있다. 김포한강신

항목	2022년 12월 31일				2017년 12월 31일				2012년 12월 31일			
	인구수	세대수	세대당 인구	평균연령	인구수	세대수	세대당 인구	평균연령	인구수	세대수	세대당 인구	평균연령
김포본동	59,453	22,606	2.63	42	51,747	18,985	2.73	40.1	51,828	18,374	2.82	36.7
장기본동	38,938	13,677	2.85	38.6	37,003	12,522	2.96	35.2	42,633	15,315	2.78	34.2
사우동	21,917	9,724	2.25	44.4	21,517	8,932	2.41	41.3	21,832	8,553	2.55	37.6
풍무동	60,656	23,503	2.58	40.4	52,026	17,690	2.94	38	38,755	12,939	3.00	36.5
장기동	41,191	16,166	2.55	38.4	41,154	14,793	2.78	35	29,609	10,473	2.83	34.5
구래동	45,354	20,638	2.20	36.2	45,192	17,708	2.55	35				
마산동	35,950	15,252	2.36	38								
운양동	49,213	18,559	2.65	37.8	37,752	13,228	2.85	35				

김포시 도심 인구 변화 추이 (단위 : 명, 세)

출처 : 행정안전부 주민등록 인구통계, 읍면 지역 제외

도시의 실질적인 행정동은 장기본동, 장기동, 운양동, 구래동, 마산동으로 약 21만 명이지만, 신도시 완성 이후 개발된 북변동 일대 입주를 감안하면 김포시 전체의 약 50%가 김포한강신도시에 거주한다고 볼 수 있다.

김포시의 인구는 2012년 12월과 2022년 12월을 비교해보면 약 70% 이상 증가해 실질적으로 토착 인구가 아닌 외부에서 유입된 인구로 기존 김포시 상권에 대한 충성도는 높지 않다는 것을 알 수 있다. 각 행정동의 인구는 단일 상권을 형성할 정도로 충분하지만 신도시의 공통적인 특징이 상권 집중성이 약하거나 행정동 분동 초기에는 인접 상권 영향을 받는다는 것이다. 이런 영향으로 김포한강신도시의 중심 상권은 시범지구인 장기역 상권으로, 이곳이 먼저 형성되어 상업지역, 준주거, 이주자택지가 조성되고, 인접한 운양동, 장기동 전체 상권에 영향

을 미쳤다. 장기역 상권은 유흥 업종 진입이 제한되어 신도시 주민 및 학생 등의 접근성이 좋아서 신도시의 대표적인 학원가와 생활, 서비스, 공공서비스 기관들이 집중되었다. 그다음은 김포한강신도시에서 유일하게 유흥상업시설 진입이 가능한 구래동 상업지역 상권이다.

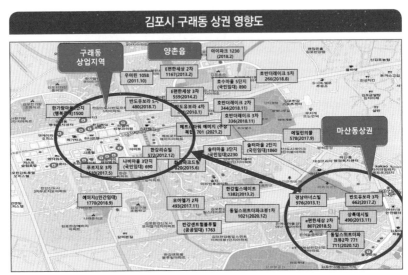

출처 : 카카오지도

구래동 상권은 도시철도 구래역에서 환승이 이루어지는 통진읍, 양촌읍, 강화 주민들과 학운산업단지 근로자들이 직접적으로 이용한다. 또한, 2019년 9월에 구래동에서 분동된 마산동에도 근린 상권이 형성되었지만, 주민들은 구래동 상권의 이용 빈도가 높아서 직접적 상권 범위로 포함할 수 있다. 구래동 상업지역은 주변 배후지역 개발에 따라서 1단계, 2단계, 3단계로 개발된 특징이 있다. 1단계 전면은 생활소비와 생활서비스, 2단계는 식음료, 생활편의업종, 3단계는 유흥, 숙박 등이 순차적으로 개발된다. 이런 순차적 개발은 일반적으로 신도시의 활성화가 순차적으로 이루어지므로 상업지역 개발에 있어서도 배후인구 증가 속도에 따라서 개발되는 것으로 다른 신도시 상업지역도 비슷한 과정을 겪는다. 실제로 이런 단계별 개발 과정을 이해하면 진입할 업종에 따라서 어떤 입지를 선택해야 하는지에 대한 정보도 얻을 수 있다.

동작구와 서초구가 만나는 이수역 상권 사례

도시 상권은 상권 최소단위를 행정동을 기준으로 구분하면 손쉽겠지만, 경계를 구분짓기 어렵고, 2, 3개 행정동 주민들이 하나의 상권에 충성도를 나타내기도 하므로 엄격히 구분하기 어렵다. 다만, 지형, 지물, 주민들의 거주 형태에 따라서 하나의 상권에 집중되더라도 각각의 입지에 따라서 상권은 다른 형태로 나타나기도 한다. 동작구와 서초구의

출처 : 카카오지도, 2023년 1월 행정안전부 주민등록 인구통계

경계를 이루는 동작대로는 이수역사거리에서 동작구 사당동과 서초구 방배동 주민들이 합류해 지역 거점형 상권을 구성한다.

이수역사거리 지하에서는 4호선과 7호선이 환승하는 지하철역이 있는데, 수도권 지하철역 중에서 유일하게 노선에 따라서 역명이 다른 경우로 4호선을 총신대입구역, 7호선을 이수역으로 부른다(4호선과 7호선이 교차하는 지상이 이수역사거리이기 때문에 현재는 이수역으로 불리는 경우가 많다). 이 지역의 지형을 보면 남북으로 이수교차로에서 사당역으로 이어지는 동작대로는 동쪽이 서초구, 서쪽이 동작구로 동서 모두 낮은 산으로 이루어져 있어서 동서의 넓은 계곡형 지형에 방배동과 사당동 주거지역이 분포하는 형태를 보여주고 있다. 이수사거리에서 7호선 내방역 방향은 서초로, 남성역 방향은 사당로로 불리고, 방배동과 사당동 주민들은 이수역사거리에서 합류한다.

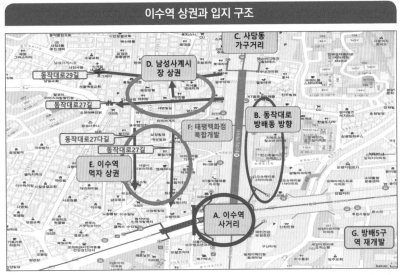

출처 : 카카오지도

이수역사거리를 이용하는 사당동과 방배동 주민들의 규모는 약 13만 명이지만 상권 범위를 넓게 보면 사당로 7호선 남성역 방향의 주민들의 상권 이용 빈도가 높기 때문에서 실질적으로 15만 명 이상으로 볼 수 있는 상권이다. 이 지역은 단일 상권이기는 하지만 각각의 입지에 따라서 상권의 특징이 달리 나타난다.

이것은 앞서 언급한 지형, 지물과 주거 형태에 따라서 차이가 나는데, 각 입지별 특징을 보면 다음과 같다.

A. **이수역사거리** : 상권의 중심으로 사당동과 방배동 주민이 집중되는 지역이다. 내방역 방향보다는 남성역 방향의 경사가 완만하고 길어서 유입 주민은 사당동 방향이 방배동 방향보다 많다. 사거리를 중심으로 업무, 메디컬 업종의 진입이 뚜렷함을 보여주고 있다.

B. **동작대로 방배동 방향** : 방배 현대홈타운1, 2차, 한신휴플러스 전면 도로는 상업지역, 준주거 지역으로 All플라자형과 주상복합형이 혼재된 상가 형태이다. 입점 업종은 방배동과 사당동 주민들을 배후로 한 메디컬과 업무용 사무소의 진입 비율이 높다.

C. **사당동 가구거리** : 남성시장 앞에서 북쪽 이수교차로 방향에 입점한 가구점 거리를 말한다. 요즘 신축 아파트는 붙박이장이 대세가 되면서 단품 위주의 브랜드가구 시장은 침체되고 있다. 가구점이 있었던 곳은 현재 지속적으로 폐점하고 신축 상가로 진행되거나 최근에는 주차장 확보가 잘되어 있던 저층 가구 상가 자리를 메디컬로 리뉴얼해 입점

하는 사례가 늘어나고 있다.

D. **남성사계시장 상권** : 사당2동 우성 2, 3차, 극동, 신동아 4차 아파트 4,397세대와 방배동 방배홈타운 1, 2단지, 사당동 다세대, 다가구주택 주민들의 배후수요가 안정적인 서울에서 몇 안 되는 주거지역 인근의 활성화된 전통 시장이다. 1차 식품과 생활소매, 서비스 업종이 활성화된 상권이다. 남성사계시장 배후인 우성 2, 3차, 극동, 신동아 4차가 리모델링 조합이 설립되어 리모델링이 진행 중이므로 사업의 진행 속도가 상권에 영향을 미칠 것으로 예상된다.

E. **이수역 먹자거리 상권** : 동작대로에서 사당 우성 2차아파트 진입로인 동작대로27길에서 구태평백화점 이면도로에 형성된 상권으로 지역 내 먹자상권으로 안정적으로 유지되었으나, 코로나 이후 상권 변화를 겪고 있다. 향후 태평백화점 재건축 사업진행 추이가 이수역 먹자상권에 가장 큰 영향을 미칠 것으로 예상된다.

F. **구 태평백화점 복합개발** : 태평백화점이 폐업하고, 지하 6층~지상 23층으로 건축될 예정이다. 저층부에는 마트, 근린생활시설, 주민센터가 입점 예정이고, 고층부에는 오피스텔이 진입할 예정이다. 향후 이수역 상권에서 가장 큰 영향을 미칠 것으로 예상된다.

G. **방배5구역 재개발 사업** : 서울의 도심 서초구에 위치한 재건축단지로 완성 시 3,065가구가 입주하게 된다. 준공 시기는 2026년 8월로 이수역사거리에서 상대적으로 낙후되었던 내방역 방향의 주거 환경이

개선되고, 3,000세대 이상의 안정적인 소비인구를 확보한다는 의미가 있다.

광주광역시 광천사거리 상권 구조 – 의료 상권 적합성은?

선택 상권에서 특정 업종 진입을 결정할 때도 해당 지역의 상권 구조를 이해한다면 진입 결정을 하는 데 도움이 된다. 광주광역시에서 도시를 대표하는 의료 상권을 들라고 하면 전남대병원과 조선대병원이 있는 남광주역 상권을 들 수 있다. 대학병원은 지역 거점병원이라는 영향도 있지만 대학병원의 교수로 재직하던 분들이 인근에 개원하는 것은 자신을 찾던 환자들이 안정적으로 내원할 수 있는 환경을 만들기 위한 목적이 큰데, 이것은 전국 어디서나 자연스러운 현상이다. 그러나 의료 상권이 도시 중심에 위치하는 경우에는 업무, 유통, 교통 환경으로 인한 접근성에 따라서 입지가 결정되는 경우가 많다.

광주광역시에서 이런 환경적인 조건을 갖춘 지역은 광주광역시청과 공공서비스기관이 밀집된 상무지구와 광천사거리 상권이다. 광천사거리 상권은 다음의 상권 구성도에서 보듯이 광주 도심 남북을 연결하는 1번국도 중 죽봉대로가 지나고, 동서 도로는 근로자들의 출퇴근 이용이 많은 무진대로, 남쪽으로는 광주 지하철1호선과 상무대로가 지나기 때문에 광주에서 가장 유동인구가 많은 지역으로 1일 이동량이 20만 명에 달하는 지역이다(다음 페이지의 상권 배치와 흐름도 참조).

상무지구는 공공, 행정, 업무, 유흥, 주거 등이 혼재한 복합 상권이라면 광천사거리 상권은 기아자동차 광주공장, 광주종합버스터미널, 신세계백화점과 도로를 따라서 기아차 및 수입자동차 지점, 전자양판점이 있어서 경제 활동을 하는 기업, 교통, 쇼핑을 위해서 도시 전체 주민들의 집객에 장점이 있는 곳이다. 이 지역 의료 상권을 대표하는 상권은 광천동 광천사거리 상권이다. 전문 과목 개원이 많고 기본적으로 배후지역 주민들을 대상으로 하지만 개원한 각각의 과목들을 보면 주변 배후세대보다는 도시 전체를 대상으로 개원한 과목이 많다. 따라서 이 지역에 개원을 할 경우 이런 상권적인 특징을 고려해 개원의 콘셉트와 투자 규모를 결정해야 한다.

출처 : 카카오지도

다음은 광천사거리에 개원한 곳의 각 과목별 특징을 정리한 것이다 (카카오지도 진료과목 표기 기준).

과목명	병원명	주소	의사수	개원일		과목명	병원명	주소	의사수	개원일	비고
안과	광주안과	무진대로 935 5-9층	7명	2014.7		정신건강의학과	정인정신건강의학과 ,신세계 정신건강의학과, 광주정신건강의학과 , 밝은마음 정신건강의학과(2명/1000.10)				
안과	신세계안과	죽봉대로 92	10명	2009.2		비뇨기과.남성의원	앤탑남성의원, 영맨남성의원, 쿨맨남성의원, 트루맨남성의원, 유로진남성의원, 메디필비뇨기과(2명)				
안과	밝은안과	무진대로 950 8-11층	8명	2010.12		통증의학과	밝은통증의학과 ,메디필통증의학과,신세계통증의학과				
안과	광주글로벌서울안과	무진대로 965 2-3층	1명	2021.10		성형외과	2030 머러인외과, 신세계성형외과, 미플러스성형외과, 맨앤네이처성형외과,비비드성형외과,(2명) ,메디필성형외과, 박동균성형외과, 미이원, 드림업성형외과				
안과	정용기안과	죽봉대로 76	1명	2016.8		피부과	아띠의원, 쁘띠 2.7의원, 메디필피부과,나용필모피부과, 밴스의원, 화이트피부과, 피르미어의원, 다나피부과				
안과	센트럴윤길중안과	죽봉대로 62. 2층	1명	2022.7		내과	태영21내과	무진대로 965 7층	4명	2022.4	
산부인과	시엘병원	무진대로 957	7명	2000.8		내과	메디필내과	죽봉대로 76	2명	1992.10	
산부인과	프레메디산부인과	무진대로 950	3명	2002.4		내과	신세계내과, 선내과,우리들내과				
산부인과	미래와 희망산부인과	죽봉대로 68	3명	2006.4		이비인후과	메디필이비인후과	죽봉대로76, 2,3층	2명	1990.3	
외과	서울갑유외과	무진대로 950 5층	1명	2022.5		이비인후과	허성의이비인후과	상무대로 1064	1명	1991.11	
외과	목뉴방외과	죽봉대로 76 7층	1명	2014.9		치과	인하루치과, 광천e치과, 에스디치과교정과치과, 광주신세계치과, 장신의치과, 신세계고운치과, 서울화이트치과(4명/2012.9 치과교정과전문의포함), 메디필치과(3명/2004.6), 탑치과교정과치과, 이지치과, 효치과, 이상열치과, 이재균치과, 바른수치과, 최진영치과, 최웅진치과				
외과	웰스 유외과	죽봉대로 66 1층	2명	2007.3		한의원	동아한의원, 미소담은한의원, 규림한의원, 이지스한의원, 아이누리한의원, 해울한의원, 미소로한의원, 편안한몸한의원, 함소아한의원				

출처 : 카카오지도 업종 상세보기

① 안과

광천사거리 의료 상권을 주도하는 과목으로 신세계안과, 광주안과, 밝은안과 3개 안과가 상권을 주도한다. 안과는 일반적으로 투자비 부담이 크고, 의료 지원 인력이 많이 필요한 과목으로 지역 상권에서도 안과가 개원한 곳은 비교적 상권 범위가 넓다고 보면 된다. 특히, 안과의 경우 명의에 대한 충성도도 높지만 도시나 지역의 안과 이름에 대한 충성도가 병원을 방문하는 직접적 이유가 되기도 한다. 교통 접근성이 좋은 입지의 경우 안과의 일반적인 환자층인 녹내장, 백내장 수술 못지않게 라식, 라섹 수술을 위한 젊은 여성층의 방문이 많은 특징을 지니고 있다. 교통 접근성이 좋은 광천사거리에서 첫 번째 전문 의료 과목을 꼽으라면 역시 안과이다.

② 산부인과

일반적인 지역 산부인과는 검진과, 여성시술에 집중한다면 광천사거리 산부인과는 광주, 전남 난임부부를 대상으로 난임 치료에 집중하는 것으로 판단된다. 역시 경쟁력 있는 산부인과 상권으로 판단된다.

③ 외과

여성 관련 질환 중 갑상선, 유방외과 전문 병원이다.

④ 정신건강의학과

정신건강의학과가 광역시의 중심 상권에 개원하는 것은 도시 일부가 아니라 전체에서 접근성이 좋기 때문에 개원 입지로는 양호하다는 판단이다.

⑤ 비뇨기과

중장년층의 접근이 많은 대표적인 도시의 중심상업지역에 개원하는 것은 공통적인 특징이다.

⑥ 성형외과

상무지구와 함께 광주에서 성형외과 분포가 가장 많은 지역이다. 성형외과는 대표적으로 병원 이름보다는 의사의 스타성에 따라서 환자가 방문하는 과목으로 여러 명이 운영하는 경우보다 1인 의료진이 운영하는 곳이 많다. 성형외과의 공통적인 개원 상권, 입지의 특징은 도시의 대표 상권에 개원할 때 환자들이 쉽게 인지하는 데 도움이 된다.

⑦ 치과

도시형 중심상업지역에 개원할 때 경쟁력 있는 경우는 병원급으로 다른 경쟁 치과에 비해서 압도적일 필요가 있지만, 홍보비가 많이 든다. 만약 충분한 실력을 갖춘 치과의사라면 도시급 중심상업지역보다 거점 상권에서 실력으로 대결하는 게 오히려 홍보비를 절감하고 승부가 빠를 수 있다.

일반적으로 치과 중 중심상업지역에 개원하는 분야는 환자가 제한적이고 치료비용이 높은 교정치과이다.

⑧ 한의원

한방 병원급을 제외하고 한의원들이 중심 상권에 개원하는 사례는 교통사고, 통증보다 특화형으로 피부, 다이어트, 소아, 호흡기 등 타깃 진료 대상이 정해져 있을 때 중심 상권에 개원한다.

배후인구의
이동 흐름 분석

내 상가, 건물에 어떤 업종을 유치할 것인지 결정할 때 상권 소비자인 배후인구들이 어떤 수단과 목적을 가지고 이동하는지 동선 분석만큼 효과적인 것은 없다. 배후인구의 동선은 상권 활성화와 침체를 결정하고, 경우에 따라서는 특정 업종이 집중되거나 아예 입점하지 않는 것도 배후인구의 동선에 의해서 결정된다. 그러나, 기존 상권은 상권 동선 분석이 용이하지만 신규로 공급되는 신도시, 택지지구, 재개발 지역의 경우 상권의 환경 변수가 워낙 많아서 어려움이 있다. 신규 상권일 경우에도 토지이용계획, 교통계획, 아파트 현황, 상가 계획 등의 상권 환경 변수와 일반적으로 상권에서 나타나는 동선의 특징을 종합해 판단하면 된다. 단, 교통계획 중 지하철, 철도계획은 실제 공사가 개시될 때까지 일정이 불확실하므로 공사가 시작되지 않았다면 상권 조사에서 제외하고 조사하는 것이 좋다. 가장 기본적인 철도, 지하철 공사 일정은 땅을 파고 5년이지만 실제 공사 이후 1년 정도 늦어지는 사례도 있다는 것을 염두에 둬야 한다. 다음은 일반적으로 상권에서 나타나는 다양한 동선이다.

① 차량 동선

일반적으로 도심지나 신도시의 중심 도로의 기능을 하는 경우 4차선 이상(일반적으로 6차선 전후가 많음) 도로가 해당되고, 최고 차량 속도가 60km 이상 유지될 수 있는 도로다. 차량 속도가 빨라서 상가 지역의 동선만 알아도 상권 분석의 절반은 한다. 전면도로가 해당되므로 점포 규모가 일정 수준이 되지 않으면 가시성이 떨어져서 접근성 또한 떨어지는 게 일반적이다. 신도시의 경우 전체 주민들을 염두에 두고 MD 설계가 이루어지지만, 고분양가와 차량 접근성 외 접근성이 어려워서 전면보다는 후면 상가가 모두 채워졌는데, 전면 차량 중심 도로 상가는 장기간 공실이 발생해 낭패를 보는 경우가 있다.

② 도보 동선

대표적으로 대중교통 이용을 위해서 생활권에서 배후인구들이 상권의 메인 도로로 이동하는 동선과 근린생활시설로 접근하기 위한 동선, 산책과 운동을 위한 야간 동선으로 나뉜다. 대중교통 이용을 위한 동선과 근린생활시설로의 접근 동선은 주거지와 가까운 쪽이 상가의 안정성이 높고, 두 개의 동선이 겹치는 경우도 있다(여러 동선이 겹치는 상가가 좋은 상가이다). 이에 비해서 산책과 운동을 겸한 동선은 특정 시간대와 계절에만 집중되고, 뚜렷한 목적을 가지고 이동하므로 구매로 연결되는 경우가 제한적이고, 녹지공원과 호수공원 진입로 주변에 상권이 형성된다. 상가 동선 경쟁력에서는 일반적으로 주거지역에서 주민들이 근린생활시설과 대중교통 이동을 위한 도보 동선과 차량 동선이 복합적으로 형성되는 곳이 경쟁력이 가장 높다.

③ 용도별 동선

신도시 상권은 상가 용도에서 단지 내 상가 < 근린생활시설(근린 상가) < 준주거 상가 < 상업지역 순으로 상권이 확장하는 특성이 있다. 상업지역의 경쟁력은 상권 확장성이 좋아서 상권 내 업종이 다양할 경우 상권 범위 내 주민 손님 유인력 및 인접 지역 주민 집객력이 뛰어나서 상권이 활성화된다.

④ 골목길 상권과 이주자택지 상권

원도심 상권은 상권이 활성화된 지역일 경우 주택가 골목 상권, 근린상가와 함께 대중교통(노선버스, 지하철)이 집중되는 지역에 중심상업지역이 형성된다. 또한 도심의 전통 시장과 교통 접근성이 좋은 상권과 가까운 지역에 단독주택, 다가구주택을 상가로 리모델링해 골목길 상권이 형성된다. 진입 업종은 카페, 주점, 음식점, 의류점, 미용실, 잡화, 뷰티 등 다양한 형태가 나타나고, 고객들은 도시나 지역 전체에서 SNS 홍보와 점포 평판에 따라서 점포를 찾는다. 이와 유사한 신도시 상권 중 용도지역은 단독주택이지만 기존 주민들의 생활 안정을 위해서 공급되는 이주자택지가 유사한데, 1층은 상가, 2, 3층은 주택 구조이다. 진입 업종은 원도심의 골목길 상권과 유사하지만, 주로 고객은 신도시나 인접 주민들로 제한적이다. 이주자택지는 주로 준주거나 상업지역 상가들과 인접해 조성되므로 자영업자들이 이주자택지를 선택하는 요인은 원도심의 골목길 상권과 같이 이색적이고, 경쟁력 있는 업종이 많이 진입해서 찾는 측면도 있지만, 그보다는 오히려 상업지역이나 준주거, 근린 상가보다 임대료가 저렴해서이다.

⑤ 분양가 동선

신도시의 경우 용도지역에 따라서 용지 가격은 차이가 난다. 도시를 계획하면서 각각 토지 용도를 콤팩트하게 짜다 보면 도로 하나를 두고 일반 상업지역과 준주거용지가 나뉘는 경우가 있다. 이 경우 일반 상업지역은 건폐율, 용적률에서 이점이 있지만 토지 비용이 준주거용지보다 압도적으로 높을 수밖에 없다. 이 경우 준주거용지보다 일반 상업용지에 시행된 상가의 분양가가 높을 수밖에 없고, 수도권의 경우 많게는 평당 500만 원 이상 차이가 나는 경우도 있다. 이때 높아진 분양가만큼 임대료도 상승해, 동일 상권일 경우 일반 상업용지에 진입하는 것이나, 준주거용지에 진입하더라도 크게 차이가 나지 않은 업종이라면 임차인들은 준주거용지 상가를 선택하게 된다. 이때 분양가에 따라서 상권이 형성되는데, 특히 주거지를 기반으로 한 도시에서 필수 업종이자 1층 업종인 중개업소, 편의점, 분식, 이동통신, 세탁소와 같은 업종들은 일반 상업용지보다 준주거용지 상가를 선택하게 된다. 실제 이런 사례는 용지의 용도가 인접한 상권에서 흔히 나타나는 현상이고, 중요한 것은 효과가 같다면 투자자는 높은 비용을 지불하지 않는 것이 상식이다.

⑥ 생활소비 동선

신도시를 계획할 때 도시의 안정성과 지속적인 발전을 위해서 업무와 자족 용지를 공급하지만, 그 효과는 장시간인 10여 년 이상 뒤에 나타나고, 심지어 과잉 공급이 되었을 때 장기간 개발이 되지 못해서 애물단지가 되기도 한다. 따라서 도시의 강력한 소비군은 도시에서 거주하는 배후세대다. 배후세대가 생활에 필요한 소비를 하는 상가 지역은 일정한 패턴이 있고, 또한 상가 지역 내에도 생활소비 업종들의 동선이 일정한 패턴을 가지는 게 일반적이다. 배후세대의 생활소비는 비대면 소비가 많아진다고 해도, 지역 상권에서는 대형 슈퍼와 마트가 그 역할을 한다. 주로 상가의 지하층에 입주하거나 상가 1층 배후세대와 마주 보는 후면부에 입점하고, 마트 소비자의 동선을 따라 1차 식품, 식료품, 스낵, 분식, 이동통신 대리점, 미용실 등이 입점한다. 다만 생활소비 업종이나 동선에 대한 중요성은 비대면 소비의 일상화로 그 영향력이 감소하고 있다.

⑦ 음식점 동선

상가 지역의 경우 이면도로에는 음식점, 주점 등이, 신도시의 경우 후면부 1층이나 전면부 2층에 전문 음식점이 입점하는 것이 일반적이다. 그러나 분양가와 임대가 상승으로 고층부로 이동하거나 이주자택지로 이동하는 경향도 나타난다. 신도시 지역보다는 역세권과 같은 중심 상권일수록 음식점 상권이 활성화되어 거리마다 전문 아이템들이 하나의 골목(전문 먹자타운)에 집중되는 특징이 있다. 즉, 고깃집은 고깃집끼리 집중될수록 장사가 잘되고, 술집들이 집중되는 영향 때문이지만 전체적으로 상권과 골목에 유입인구가 줄어들면 동반 침체한다.

활성화된 상가일수록 한 개 층 전체가 음식점으로 구성되는 식당가가 형성될 경우 상가의 지역 내 인지도가 상승해 저층부나 고층부에 메디컬층이나 학원층 등이 형성되어 인접 상가보다 경쟁력을 발휘한다. 다음 사진은 서울의 동작구 신대방동 보라매타운 내의 아카데미타워로

2층은 식당가로 5층은 병원가로 구성해 집객력을 높인 상가이다(상가는
집중할수록 시너지효과가 발생하는 게 원칙이다).

동작구 신대방동 보라매 아카데미타워 상가 안내

8F~41F	아카데미타워 아파트
7F	Q 쿠우쿠우 보라매공원점 / 보라매 볼링장
6F	여우공간필라테스 (주)아이케이에스 (주)삼우이에스 타요키즈카페 아담리즈수학 허그맘허그인 보라매심리상담센터 (주)한솔메디칼 놀숲보라매점 코끼리아동청소년발달센터 연세꿈사랑아이치과 브레인스쿨 핸리쇼룸(디자이너제품)
5F	병원가 유동기치과 김수진내과 손이비인후과 서울탑비뇨기과 동작구장애인가족지원센터 정다운외과 야마하음악교실 스타일미클리닉 메트로피부과 더풋샵 소녀피부로 스타일미여성의원 아카데미약국 미소본한의원 경혈지압맛사지 명문입시 공수학학원
4F	홈앤서비스 카리스 산후조리원 보라매삼성정형외과 숲 칼프 브레인스쿨 SK브로드밴드 관악지점 투피·탈모전문
3F	리본에스테틱 경희미르애한의원 신한투자증권 미래에셋증권 보라매짐보리 사)밸런스워킹PT코리아(평생교육원) 드림라인 보라매센트럴바움 주택홍보관 달 북키즈북카페
2F	식당가 에머이쌀국수 아비꼬 홍콩반점0410 돈가츠오지상가츠 포36거리쌀국수 한주화외커피볶는집 가네끼스시 등촌샤브칼국수 청홍중화요리사우 마라탕전문점 로현헤어살롱 이화수전통육개장 미테리 원조감자탕일미집 사만다부대찌개 원할머니보쌈 라이스&파스타 이태리로간고등어
1F	올리브영 신롱푸마라탕 KEB하나은행 세븐일레븐 am park SM할인마트 역전우동 메가커피 명인만두 이디야커피 빚은,르뽀미에
B1	동해해물 명가한우정육식당 3949당구장 다이소 스크린파크(골프존) 중화관 우육면
B2	보라매 실내테니스 아카데미 주차장

병원층 / 식당가

출처 : 아카데미타워 상가 안내, 저자 작성

따라서 상가 시행을 계획할 때 조기 분양이나 임대를 원한다면 준비
단계에서 상권에 적합한 업종에 대한 조사를 해 각 층을 전문 상가로
구성한다면 상가 활성화에 도움이 된다.

⑧ 조망권 동선

녹지와 공원 비중이 커지면서 이로 인한 조망권이 좋은 상가의 경우 시행 분양사들이 높은 분양가로 집중 홍보한다. 이때 전면 녹지와 공원의 비중이 높을수록 장기적으로 유입력이 높은 상가도 있지만, 배후세대 접근성이 떨어지는 경우 활성화는 제한적이다. 실제로 이런 지역에 조망권만 믿고 투자하거나 창업했다가 낭패를 보는 사례가 많으므로 주의를 기울여야 한다.

⑨ 학원 동선

대형 입시학원, 어학원이 입점하는 상가 지역은 서울의 대치동이나 중계동과 같이 전국 단위 학원가도 있지만, 지역의 경우 도시 및 지역 단위로 학원가가 형성된다. 이런 지역의 경우 학생들을 소비층으로 해 예상외로 학원과 시너지를 일으키는 업종들이 많다. 신도시 상가 투자나 창업을 할 경우 학원가가 어느 쪽에 조성되는지 눈여겨보고, 학생들의 이동 동선에 따라서 업종을 선택했을 때 의미 있는 결과를 얻을 가능성이 높다. 도시 규모가 큰 지역일수록 학교와 주거지, 상가 지역의 위치, 예상 분양가만으로도 대형 학원의 입점 가능성 유무와 예상 입점 지역을 추론할 수 있다.

⑩ 주차장 동선

몇 해 전 교대역에서 한정식집 오픈을 준비하는 업체로부터 상권 조사 컨설팅을 의뢰받은 적이 있다. 교대역 상권은 2호선과 3호선이 환승하고, 인근에 법원, 검찰청이 위치해 직장인, 가족, 동창회, 친구 모임이 빈번해서 한정식집 상권 입지로는 좋은 곳이다. 중저가의 대중적인 한정식집이지만 업종 특성상 식사 시간이 1시간 이상으로 길기 때문에 주차장과 발레파킹은 필수적이었다. 한때 강남지역 발레파킹은 의뢰 업체에 파견 발레파킹 기사 1인당 고정급을 지급하고 한 대당 차주로부터 1,000~2,000원을 받고 불가피하게 골목에 불법주차를 한 다음, 범칙금 발부 시 업주가 부담하던 시절이 있었다. 그러나 빈번한 주차 위반 범칙금과 차량 접촉 사고로 차주, 업주, 발레파킹 회사의 분쟁이 끊이지 않자 발레파킹 회사에서도 업주의 주차장 확보를 발레파킹 계약 시 조건으로 요청하고 있다. 당시 내가 발레파킹 회사에 문의하니 주차장을 확보해주는 조건으로 발레파킹 기사 2인에게 약 400만 원의 비용을 요구해서 인접 공용주차장 확보 비용을 계산하니 임대료보다 주차장 부담이 더 커서 상권, 입지 모두 훌륭했지만, 포기했던 경험이 있다.

우리 도시의 상업시설은 신축의 경우라도 대부분 법정 한도의 120%를 주차대수로 계획했다고 하지만 절대적으로 주차시설이 부족한 것이 현실이다. 지역에 따라서 차이는 있지만, 이용이 가장 많은 1, 2종 근린생활시설의 경우 법정 주차대수는 $134m^2$(40.5평)당 1대다. 입주 업체들은 대부분 방문 고객에게 30분 정도 무료 주차를 제공하지만, 이조차도 일정액을 소비하지 않으면 상업시설 주차비용을 점차적으로 업주가 부담하지 않는 추세이다. 다만, 고객들은 자신이 주차비용을 지불하더라도 상가 선택에서 주차 조건을 따진다.

충분한 주차대수 요건 못지않게 고객이 중요하게 생각하는 것이 도로에서 주차장으로 진입하는 입구 인근의 혼잡도, 지하주차장 진입 시 회전 각도와 폭 등이다. 여성 운전자 증가로 주차의 편의성을 무엇보다 중요하게 따지게 되었다. 건축비용 절감을 위해서 주차장 진입로를 좁

히거나 회전 각도를 불편하게 해서 여성 운전자가 진입 시 공포를 느낀다면 상가 이용을 꺼릴 수밖에 없다. 특히 여성층은 주차 방식에서 자주식 주차보다 위험성이 있는 기계식 주차를 기피하는 것도 하나의 현상이다. 주차장은 중요성이 증가하고 있지만 도심 상가의 주차 여건이 악화되면서 그 부담이 입주 업체 부담에서 고객 부담으로 넘어가는 추세이다.

배후인구와
타깃인구 분석

　선택 상권의 상권 경쟁력을 확인하기 위해서 실질적 구매나 서비스를 이용하게 될 타깃 고객에 대한 분석은 업종을 막론하고 중요하다. 타깃 고객 분석의 가장 오래된 방법은 상권 범위를 설정한 뒤 1차 상권, 2차 상권, 3차 상권과 같은 기계적 설정을 통해서 상권 범위 안에 얼마나 많은 인구가 거주하고, 그중에서 누가 타깃 고객이 될 것인지 분석한다. 최근에는 진일보한 빅데이터 분석이 일반화되면서 상권정보시스템을 활용한 분석을 많이 이용한다.

　상권정보시스템에서 인구 분석은 데이터 중에서 가장 신뢰할 수 있는 정보이기는 하지만, 타깃 고객을 명확히 하기 위해서 연령별 구간 분석에서 60세 미만에서는 10세 단위로 데이터를 제공하지만, 60세 이상에서는 전체를 한꺼번에 합산해 데이터를 도출해 고령화로 인한 실질적인 세부 인구 분석에는 한계가 있다. 필자의 경우 인구 분석은 주민들의 생활환경에 따라서 개편되어온 행정구역 중심의 주민등록 인구통계를 주로 이용하고 상권정보시스템을 통한 인구 분석은 보조적으로 이용한다. 물론 도시 상권에서 행정구역이나 상권 범위를 설정하더라도 상권의 경계가 명확하지 않고 지형지물에 따라서 확장력이 향상되기도 하고, 축소되어 인접 상권에 편입될 수도 있다. 또한 중소도시 상권의 경우 중심 상권으로 집중되고, 상권 범위는 인접 행정구역까지 포함하기도 하므로 수km, 심지어 수십km가 되는 경우도 있다는 점을 염두에 두어야 한다. 어찌되었든 상권 분석에서 타깃이 될 인구 분석이 가장 중요한 것은 틀림없다.

다만, 업종에 따라서 개인의 판단이 구매(서비스) 결정의 가장 중요한 요소인 업종이 있고, 개인의 결정 못지않게 가족 구성원이 관여하는 비율이 높은 업종도 있다. 일반적으로 메디컬, 학원과 같이 장기적으로 서비스를 이용하며, 상품, 서비스 결정이 소비자에게 오래도록 영향을 미치는 업종은 가족 구성원의 관여 비율이 높다.

반면, 상품의 서비스나 질이 동일하며, 가격이 비슷한 생활편의 소매점이나 서비스 업종의 경우 편의에 따라서 선택 점포가 바뀌는데, 이 경우 개인의 선택이 중요하고 가족 구성원의 관여 비율이 낮다.

그렇다면 메디컬 업종과 자영업의 대표 업종인 식음료 및 소매서비스 업종으로 나누어 상권 분석에서 인구를 어떻게 살펴봐야 하는지 알아보자.

메디컬 업종

① 타깃 연령대는 어느 구간을 설정할 것인지?

개원을 준비하는 예비 원장님들과 상담할 때 그들이 가장 먼저 물어보는 것이 자신의 진료 과목이나 진료 콘셉트에 가장 적합한 연령대는 어느 구간인가 하는 것이다. 내과검진센터라면 본격적으로 기본 검진 외에 적극적으로 검진사항을 추가하는 40~60세까지이고, 이 시기가 직장 건강검진이 가장 활성화된 구간이다. 정형외과라면 퇴행성 질환이 발생하기 시작하는 연령이 50대 이상으로, 이 연령대가 환자가 폭증하는 구간이다. 그 외 과목은 지역과 상황에 따라서 타깃 환자에 대한 명확한 연령 기준을 설정하게 된다.

② 타깃 환자 연령대가 왜 중요한가?

메디컬 업종의 특성상 개원한다면 개원 10여 년이 지나면 완숙기에 들고, 20년이 지나면 페이닥터를 두고 일을 줄이면서 인생 2막을 준비하는 게 일반적이다. 따라서 어떤 경우에도 개원한다면 한곳에서 20년 정도는 할 것이라는 것을 염두에 두고 상권, 입지를 선택한다. 국내 인구의 고령화 속도도 빨라져 최근 10년 동안 전국 평균연령이 다섯 살 상승했다. 만약 선택 상권에 개발 이슈가 있다면 10년 전이나 크게 차이가 없지만 개발이 진행되지 않았다면 도시 지역 평균연령은 다섯 살 전후로 높아진다는 것을 의미한다. 따라서 평균연령 상승 가능성을 염두에 두고 타깃 연령대보다 낮은 분포 지역을 선택 상권으로 선택하는 것이 좋다. 예를 들어 50세 이상을 타깃 연령대로 하는 과목이나 콘셉트일 경우 50대뿐만 아니라 40대 구간의 인구 분포가 높은 상권을 선택하는 것이 장기적으로 안정적인 타깃 환자 유치에 유리하다는 이야기이다.

③ 가족 구성원이 함께 거주하는 지역이 유리?

1인 가구 증가로 1인 세대나 자녀가 없는 부부 세대가 증가하고 있다. 메디컬의 경우 과목에 따라서 차이가 있지만 대체로 가족이 개인에게 영향을 미치는 업종으로 중심 상권이 아니라면 가족 세대가 많은 상권을 선택하는 게 유리하다. 나 홀로 세대가 많은 경우 메디컬 방문 패턴은 경제적 활동을 하는 직장 근처나 중심 상권으로 이동해 메디컬을 선택하는 패턴이 있다. 따라서 상권 조건이 비슷하다면 메디컬 과목은 세대당 인구가 많은 지역이 개원 여건으로는 좋은 상권이다. 가족이 많이 거주하는 상권은 가족 간의 메디컬 선택의 관여도도 높지만, 지역 커뮤니티를 통해 메디컬 선택에 대한 평판도 폭넓게 형성된다는 특징이 있다.

④ 인구 비율보다는 전체적인 규모와 주민 생활 패턴?

2012년과 2022년의 서울시 인구 현황 비교 (단위 : 명, 세)								
항목	2022년 12월 31일				2012년 12월 31일			
	인구수	세대수	세대당 인구	평균 연령	인구수	세대수	세대당 인구	평균 연령
서울특별시	9,428,372	4,446,296	2.12	44	10,195,318	4,177,970	2.44	39.2
종로구	141,379	72,524	1.95	45.6	165,207	75,659	2.18	41.5
중구	120,437	63,139	1.91	46.1	133,360	61,546	2.17	41.7
용산구	218,650	109,805	1.99	44.4	243,232	110,706	2.20	40.8
성동구	281,000	133,305	2.11	43.8	299,604	125,848	2.38	39.5
광진구	337,416	169,291	1.99	43.3	371,313	158,534	2.34	38.5

항목	2022년 12월 31일				2012년 12월 31일			
	인구수	세대수	세대당 인구	평균 연령	인구수	세대수	세대당 인구	평균 연령
동대문구	336,644	169,873	1.98	44.5	363,258	157,650	2.30	40.5
중랑구	385,318	187,413	2.06	45.7	419,295	174,313	2.41	39.9
성북구	430,397	197,082	2.18	44	481,857	197,992	2.43	39.5
강북구	293,660	144,313	2.03	47.3	343,157	142,150	2.41	40.9
도봉구	311,694	138,356	2.25	46.7	362,270	138,036	2.62	39.9
노원구	503,734	217,540	2.32	44.4	597,189	222,959	2.68	38.4
은평구	466,746	213,876	2.18	45.1	501,480	200,502	2.50	39.7
서대문구	306,337	145,797	2.10	44.1	315,113	135,104	2.33	40.3
마포구	364,638	180,084	2.02	42.6	384,644	166,722	2.31	39
양천구	440,881	181,187	2.43	43.4	495,911	181,135	2.74	37.9
강서구	569,166	273,697	2.08	43.5	567,431	223,708	2.54	38.7
구로구	395,315	183,655	2.15	44.6	427,520	171,498	2.49	38.9
금천구	229,642	119,583	1.92	45.2	243,288	104,357	2.33	39.9
영등포구	375,675	188,832	1.99	43.4	391,408	167,685	2.33	39.9
동작구	380,596	185,773	2.05	43.8	405,491	169,293	2.40	39.4
관악구	486,752	283,623	1.72	43.1	523,029	247,598	2.11	39.1
서초구	404,325	167,749	2.41	42.1	435,044	168,878	2.58	38.1
강남구	529,102	232,777	2.27	42.3	564,197	230,755	2.45	38.1
송파구	658,801	284,853	2.31	42.6	673,115	257,852	2.61	37.9
강동구	460,067	202,169	2.28	43.4	487,905	187,490	2.60	38.6

출처 : 행정안전부

　서울시 관악구는 25개 자치구 중에서 인구 규모는 다섯 번째로 많은 48만 명으로 1인 가구가 가장 많은 자치구이다. 2022년 12월 기준 관악구의 평균연령은 서울시 평균(44세)보다 0.9세 낮은 43.1세이고, 세대당 인구는 서울시 평균(2.12)보다 현저히 낮은 1.72에 불과하다. 평균

연령이 젊고, 가구당 인구가 낮기 때문에 주민들은 지역 내 활동보다 경제활동을 위해서 활발한 이동을 하고 있다. 이런 점 때문에 지역 내 메디컬 환경은 결코 좋다고 볼 수 없으나, 개원 상권 환경은 서울시의 다른 자치구 상권보다 오히려 우수하다.

출처 : 카카오지도

이것은 앞서 설명한 관악구 상권 구조가 남부순환로와 함께 가는 2호선 역세권인 신림역-봉천역-서울대입구입구역-낙성대역에 집중되는 특징 때문이다. 이런 영향으로 서울 지하철 2호선은 순환선으로 수도권에서 이용객이 가장 많은 노선으로 승하차 인원은 본·지선 합쳐서 51개 역 중 신림역이 5~6위권, 서울대입구역은 7~8위권을 유지하고 있다. 봉천역과 낙성대역 모두 이용객이 높은 지하철역이다.

관악구 인구의 대부분은 남부순환로가 있는 2호선 역세권에 집중되는 특징이 있기 때문에 세대당 인구가 낮아서 가족 세대 구성은 취약하지만, 전체적인 배후인구가 다른 자치구보다 많고 상권 구조에서 집중성이 높은 상권 환경이다. 결국 상권을 평가할 때 비율보다 사람의 집객력이 얼마나 더 큰지가 중요하다는 것을 의미한다.

식음료 · 소매, 서비스 업종

메디컬과 같은 전문 업종의 경우 메디컬 선택에서 자신의 선택 못지 않게 가족 구성원이 직접적으로 선택에 관여하는 비율이 높고, 장기간 영향을 미친다. 따라서 앞서 관악구와 같이 1인 세대가 압도적으로 높 더라도 전체 주민 접근성이 2호선 라인으로 집중되는 상황이 아니라면 같은 인구 규모의 경우 세대당 인구가 높은 상권이 유리하다. 이에 비 해 식음료나 소매, 서비스 업종의 상품이나 서비스는 단골이라는 개념 이 있지만, 한번 소비하면 그것에 그치기 때문에 구매 시점에 만족도가 높아야 한다. 즉, 가족 구성원이 상품이나 서비스의 만족도에 영향을 미치지만 본질적으로 개인의 선택에 의한 만족도가 중요하다고 할 수 있다. 따라서 이들 업종의 상권, 입지 선택과 상품이나 서비스 개발에 서도 인구의 특성과 연령 분포가 어떻게 되는지가 무엇보다 중요하다.

① 인구가 많은 행정동은 지역 상권의 중심을 형성한다.

시군구 단위의 상권 조사를 하면서 공통적인 현상이, 만약 A라는 행 정동 인구가 인접 행정동보다 압도적으로 많다면 인구가 많은 A 행정 동 상권을 인접 행정동 주민들이 이용할 가능성이 커진다는 것이다. 이 런 현상은 아파트가 많은 상권에서 대단지 아파트의 근린생활시설은 인접 중소 규모 아파트 단지 주민들의 이용률이 높은 것과 같은 상황이 다. 앞서 상권 구조에서 살펴본 김포시 풍무동의 경우 인구 6만 명으로 김포시에서 인구 규모가 가장 큰 행정동으로 단독으로 충분히 상권을 형성할 수 있고, 인접한 고촌읍, 사우동, 검단신도시까지 영향을 끼치는 상권이다.

김포시 풍무동 인접 행정동(읍) 인구 변화											(단위 : 명, 세)
항목	2022년 12월 31일				2017년 12월 31일				2012년 12월 31일			
	인구수	세대수	세대당 인구	평균연령	인구수	세대수	세대당 인구	평균연령	인구수	세대수	세대당 인구	평균연령
고촌읍	47,855	18,319	2.61	39.4	27,083	10,303	2.63	41	24,937	9,146	2.73	38.7
풍무동	60,656	23,503	2.58	40.4	52,026	17,690	2.94	38	38,755	12,939	3.00	36.5
사우동	21,917	9,724	2.25	44.4	21,517	8,932	2.41	41.3	21,832	8,553	2.55	37.6
장기본동	38,938	13,677	2.85	38.6	37,003	12,522	2.96	35.2	42,633	15,315	2.78	34.2
김포본동	59,453	22,606	2.63	42	51,747	18,985	2.73	40.1	김포시 행정구역 개편 전임./ 김포1동, 2동			
인천서구 아라동	47,001	17,792	2.64	33.6	인천시 서구 원당동에서 분동. 2021년 6월 30일							

출처 : 행정안전부 주민등록 인구통계

따라서 풍무동 상권의 잠재력은 모든 업종에서 인구 6만 명 이상의 영향을 미칠 가능성이 커진다. 풍무동에 홈플러스김포풍무점, 이마트 트레이더스김포점, 전자양판점, 자동차영업소가 집중된 것은 풍무동이 김포시 상권에서 실질적인 초입에 해당하고, 인구 규모가 주변 행정구역에 비해서 압도적으로 높은 영향이다. 지역에서 배후인구가 가장 많은 행정동은 소비력이 크고, 상권 확장성도 우수하기 때문에 공공서비스 기관, 기업의 지점, 자영업자들이 관심을 가지는 프랜차이즈 업종들이 우선적으로 검토된다.

② 상권은 살아 있는 생물과 같이 변한다.

행정구역 개편에서 하나의 행정동 인구가 5만 명이 넘어가면 주민들의 편의를 위해서 어느 시점에 행정동이 2개로 나뉘는 분동이 이루어지는지를 살펴봐야 한다. 분동이 이루어지면 주민들의 생활 동선도 변화가 이루어지게 되는데, 풍무동의 경우 풍무역세권 개발이 진행되는 시점이 될 가능성이 높다.

풍무동의 인구 규모는 10년 사이 57%가 증가했으며 10년 전에 38,000명이 넘을 정도로 오래전부터 상권 잠재력이 큰 행정동이었다. 풍무사거리에서 검단신도시 방향은 2000년을 전후해 2020년 전후까지 아파트 입주가 진행된 곳이지만, 풍무사거리에서 48번국도 사이는 2010년도 이후 택지 개발에 의해서 상업, 준주거, 주택지구와 함께 대단지 5,179세대가 입주했다.

출처 : 카카오지도

이 경우 개발 시기 차이가 있어서 두 지역의 평균연령대가 크게 차이가 날 것으로 생각하지만 실질적으로 큰 차이를 보이지 않는다. 지속적인 입주로 인해 풍무동 전체 인구 패턴이 비슷하게 나타나고 있는 것이다. 인구 규모가 큰 상권의 경우 프랜차이즈 업체들은 실적이 좋은 점포라면 같은 행정동에 추가적인 점포 개설을 검토하게 된다. 물론 동일 행정동 내 추가 점포를 개설한다면 우선권은 기존 점주에게 있다. 만약 상권 내에 장사가 잘되는 식음료, 소매, 서비스 업종의 브랜드가 있다면 직접 프랜차이즈 본사 담당자와 접촉했을 때 오케이 사인을 얻을 수도 있다. 그러나, 조사 시점 3년 이내에 신설된 행정동일 경우, 인구가 충분하더라도 새로운 행정동에 상권이 활성화되지 않고, 기존 행정동 상권을 이용하고 있는지도 살펴보아야 한다. 대표적인 지역이 김포시의 구래동에서 분동을 한 마산동으로 인구 규모는 구래동보다 마산동이 많지만, 상권은 구래동 상권을 이용하는 비율이 높다.

③ 세대당 인구가 의미하는 것은?

풍무동은 세대당 인구가 2012년(3.0명) → 2017년(2.94명) → 2022년(2.58명)으로 현저히 낮아지긴 했지만, 전국이나 수도권 평균보다 압도적으로 높고 김포시 평균(2.40명)보다 역시 높다. 주거밀집지역에서 세대당 인구가 많다는 것은 다른 행정동보다 가족 구성원이 많다는 것을 의미한다. 자녀를 포함한 가족 세대가 많은 상권은 음식점에서도 전문 음식점이 유리하고, 소매점에서도 단품보다는 가족 단위의 묶음판매, 1+1 판매를 하기 유리하다. 이 밖에도 가족 단위 이벤트, 세일 행사를 하기에도 유리한 곳이 가족 세대가 많은 상권이다.

④ 식음료, 생활편의 소매, 서비스 품목은 개인성이 강하다.

지역 인구 분석을 하면서 10세 구간으로 인구 분석을 해보면 부모 세대와 자녀 세대가 함께 거주하는 분포를 읽을 수 있다. 예를 들어 자녀층이 10세 미만이라면 부모 세대는 30세 구간 분포가 높고, 10대 구간이면 부모 연령은 40세 구간이 높을 것이다. 이때 상품 구매에 있어서 10세 미만은 부모의 관여도가 높지만 10세 이상의 경우 각각의 기호에 따라서 개인화하는 특색을 뚜렷이 보여준다. 이것은 업종에 따라서 상품 개발을 할 때 가족의 관여를 염두에 두는 것도 필요하지만 상품을 어느 타깃 연령대에 초점을 맞출 것인지도 중요하다. 대표적인 헬스&뷰티 전문점인 올리브영의 전략을 보면 지역 상권에서 10대와 20대에 적합한 뷰티 상품들을 개발해 충성도를 높여서 관련 업계의 선두를 견고히 유지하는 것도 이와 같은 이유이다. 이제는 마케팅에서 전체보다 각론이 중요한 시대가 되었다.

⑤ 구매 결정자와 지불 결정자는 다르다.

타깃 연령대에 집중하는 마케팅을 펼칠 때 가장 염두에 둘 것은 빅데이터 분석에서 가장 많이 이용하는 신용카드 결제 정보가 크게 도움이 되지 않을 수 있다는 것이다. 즉, 지역 상권에서 강력한 구매 결정자는 자녀 세대이지만 결제 정보를 통해서 이용자 추세를 조사할 경우 부모 카드를 사용한다면 40~50대가 상권의 주력 소비자로 나타날 수 있기 때문이다. 즉, 10대가 좋아하는 상품에 지나치게 40, 50대 카드 매출이 높다면 구매결정자는 10대 자녀이고, 부모는 지불결정자로서 신용카드를 사용할 경우가 많다. 결국 실제 고객층은 부모가 아니라 구매를 결정하는 10대로 봐야 한다(예 : 주거지 상권의 치킨, 피자의 예를 생각해보라). 따라서 실제적인 소비력은 부모 세대가 아닌 자녀 세대에 집중되므로 마케팅도 그들에게 집중해야 한다. 이렇게 데이터로만 판단할 경우 정보를 해석하면서 왜곡을 불러올 수 있으므로 소비자와 매장에서 대면 정보를 충실히 수집해야 이런 왜곡을 예방할 수 있다.

직장인구와
유동인구에 대한 이해

직장인구에 대한 이해

상권에서 배후인구란 상권 영향력이 미치는 범위 내의 소비자인 거주인구와 적극적 경제활동을 하는 직장인구를 말한다. 거주인구는 주거를 기반으로 하고, 직장인구는 경제적 활동을 하는 지역적 범위에서 근무하는 인구를 말한다. 선택된 상권의 배후인구로서 직장인들의 가장 큰 장점은 경제활동을 하기 때문에 소비력이 안정적이라는 것이다. 다만, 상권에서 직장인들의 단점은 소비할 수 있는 시간이 점심시간과 퇴근 이후라는 한계이다.

직장인들의 충성도가 높은 상권은 도심 오피스가, 도심 시장, 역세권, 복합 상권의 업무, 주거와 오피스가 혼합된 형태, 마지막으로 산업단지(국가, 일반, 지방, 농공단지 등)와 지식산업센터, 일반 공장 형태 순으로 분포하고 있다. 일정한 상권 범위의 직장인구에 대한 조사는 정형화된

산업단지의 경우 산업단지를 관리하는 기관에서 통계자료를 가지고 있지만, 도심의 경우 대부분 지역이 복합적으로 구성되어 정확한 통계를 도출하기 어렵다. 다만, 상권정보시스템을 활용한 직장인구는 신용평가사의 신용카드 정보를 통해서 확인하는데, 원데이터에 대한 접근이 어렵기 때문에 역시 도출된 정보에 대한 확인에는 한계가 있다. 즉, 국가기반시설이나, 기업 보안으로 인해서 공개를 하지 않는다면 이것이 포함되었는지 그렇지 않은지를 알 수 없다. 그렇지만 상권정보시스템을 통해서 정확한 직장인구 분포는 알 수 없지만 연령별, 성별 분포 추세는 확인할 수 있어서 소비자 정보로 활용할 수 있다.

지금부터 서울에서 직장인구가 가장 많은 서울디지털산업단지가 있는 가산디지털단지 상권의 직장인에 대해서 살펴보자.

① 서울디지털산업단지에서는 얼마나 많은 직장인이 근무하는가?

국가산업단지인 이곳은 3개 단지로 구성되어 있고, 1단지는 구로구 구로3동의 구로디지털산업단지를 말하고 2, 3단지는 금천구 가산디지털산업단지를 말한다. 다음은 2022년 3/4분기 서울디지털산업단지의 고용 현황이다.

서울디지털산업단지 현황(2022년 ¾분기)				
입주업체	가동업체	고용 현황		
		남	여	합계
13,044개	11,820개	101,521명	43,942명	145,463명

출처 : 한국산업단지공단

앞의 자료를 보면 13,044개 기업이 있고, 이 중 11,820개가 가동 중으로 가동률 약 90.6%를 기록하고 있다. 근무하는 남녀 구성 비율은 남성이 70%, 여성이 30%를 차지하고 있다. 한국산업단지공단의 통계에는 전체 단체의 현황이 나와 있지만 금천구청 홈페이지에 공지한 서울디지털산업단지의 2021년 12월 통계를 보면 서울디지털산업단지 전체에는 12,633개 업체가 있고, 이 중 구로구 관할인 구로디지털단지로 부르는 디지털 1단지에 3,176개, 가산디지털단지인 디지털 2단지에 2,033개, 디지털 3단지에 7,454개가 있다(금천구청 홈페이지 2021년 12월 통계). 기업은 구로디지털단지에 25%, 가산디지털단지에 75%가 있지만, 지역 부동산에서는 초기에 구로디지털단지에 아파트형 공장의 규모가 가산디지털단지보다 큰 곳이 많아서 근무자 숫자로는 구로디지털단지에 30%, 가산디지털산업단지에 70%가 근무하고 있다고 보는 게 타당하다.

과거 자료를 보면 서울디지털산업단지의 고용 인원은 145,000~158,000명 사이로 고용이 꾸준히 유지되었다. 여기서 1단지인 구로디지털단지에 약 5만 명 전후가 근무하고, 2, 3단지에 약 10만 명 전후가 근무하는 것으로 추정된다. 구로디지털단지와 가산디지털단지의 직장인들은 서로 이용하는 교통 환경이 다르기 때문에 동일 상권 범주로 분석해서는 안 된다. 구로디지털단지 직장인은 2호선 구로디지털단지역과 7호선 남구로역을 주로 이용하고, 가산디지털단지 직장인은 1호선과 7호선이 환승하는 가산디지털단지역과 1호선 독산역을 이용한다.

② 상권정보시스템을 활용한 가산디지털단지 직장인은?

앞서 서울산업단지 통계로 추정한 가산디지털단지의 예상 근무자는 약 10만 명이라고 했다. 그렇다면 상권정보시스템을 활용해 가산디지털단지의 상권 범위를 설정해 직장인 추세를 살펴보자. 상권의 범위는 다음과 같이 가산디지털단지의 대부분을 차지하고 있는 가산동을 범위로 선택해 분석했다.

출처 : 상권정보시스템

지역	구분	전체	성별		연령별				
			남성	여성	20대	30대	40대	50대	60대 이상
가산동	인구	82,893	49,355	33,538	14,717	28,546	22,305	11,542	5,783
	비율	100.0	59.5	40.5	17.8	34.4	26.9	13.9	7.0

가산동 직장인구 현황(상권 범위) (단위 : 명, %)

출처 : 상권정보시스템

　가산디지털단지 상권 범위의 직장인구 데이터를 상권정보시스템으로 예측한 데이터는 앞서 언급한 디지털 2, 3단지에 해당하는데, 통계 자료에는 근무자가 대략 10만 명 전후로 추정한 것에 비해 상권정보시스템은 약 2만 명 정도 낮게 나타난다. 이것은 앞서 언급과 같이 보안이나 그 밖의 문제로 인해서 상권 범위 직장인구 산정에서 포함을 시키지 않아서 나타나는 현상으로 볼 수 있다. 이런 차이에도 불구하고 상권정보시스템에서 나타나는 데이터를 통해 남녀, 연령별 분포를 확인할 수 있기 때문에 상권에 어떤 업종으로 어떤 입지에 진입할 것인지 확인하는 데 도움이 된다. 이 데이터를 보면 전체 82,893명이 근무하고 있고, 이 중 남성이 59.5%, 여성이 40.5%를 기록해 남성 비율이 압도적으로 높지만, 서울디지털산업단지 전체 평균과는 약 10% 정도 차이가 있다. 다만, 직장인들의 평균연령 분포는 30대가 가장 많고, 40대, 20대, 50대, 60대 순이다. 일반적인 오피스가의 전형적인 유형을 보여주며 핵심 소비인구는 30대와 40대, 20대 순이라는 것을 알 수 있다.

　일반적 상권의 경우 20대라면 경제력이 취약하지만 오피스가의 특징상 핵심 연령층 모두 직장인으로 경제력을 갖추고 있기 때문에 소비력을 갖췄다고 볼 수 있다. 오피스가의 업종 선택 시에 연령과 성별 분포를 감안해 선택할 필요가 있는데, 소비력이 있는 연령대와 성별에 맞는 MD 구성을 하는 게 경제력이 낮고 지역 내 소비가 이루어지지 않는 연령과 성별에 분산하는 것보다 효과가 있다. 여성층 분포가 낮더라도 지역 내 소비가 활발한 연령대의 직장인이라면 이들에게 차별화한 MD 구성도 의외로 효과가 높다.

즉, 여성층이 남성층보다 비율이 낮지만 직장인들로 소득이 안정된 여성층을 대상으로 30대를 타깃으로 패션숍을 연다면 30대 여성 직장인 룩으로 선택을 좁혀서 업종을 선택하는 것도 고려해볼 수 있다. 또한 여성 직장인 대상의 피트니스, 필라테스 관련 아이템도 검토할 만하고, 메디컬 분야에서도 산업단지나, 지식산업센터에서 좀처럼 보기 어려운 산부인과는 이미 진입했다. 그만큼 가산디지털단지는 비율은 남성보다 낮지만 여성 직장인 또한 많다는 이야기이다.

유동인구에 대한 이해

유동인구 조사 방법은 과거에는 선택 상권에서 상권 내 중요 지점에서 조사원이 시간대별로 직접 조사해 전체 상권의 유동인구를 추산하는 방법을 사용했다. 유동인구의 직접 조사 방법이 가장 정확한 것으로 보이지만, 조사 시점에 따라서 계절, 날씨에 따라서 큰 차이가 나고 특히 조사 원아 유동인구 개개인의 연령을 정확히 추정하기 어렵다는 한계가 있었다. 과거부터 상권을 실제 이용하는 사람들이 어느 정도 되는지 데이터를 도출하기 위해서 여러 방법을 사용했는데 대표적으로 경찰에서 시위가 있을 때 가로×세로 일정 면적란에 사람이 앉아 있을 경우와 서 있을 경우를 계산해 전체 시위 참여자 수를 추정하는 방법을 사용했다. 또한 보조적으로 역세권의 경우 지하철역 승하차 인원 통계를 통해서 유동인구를 추정하는 방법을 사용하기도 한다.

유동인구 분석은 빅데이터 상권 분석이 일반화되면서 상권정보시스템의 경우 SKT의 이동통신 기지국의 이용 콜(call)수를 추정하는 방법을 사용한다. 즉, 이동통신 기지국을 통한 유동인구 추정은 도보 및 차량을 통한 인구뿐만 아니라 상권 내에서 거주, 경제적 활동을 하는 직장인 등 실제적인 상권에 영향을 미치는 인구 규모를 파악하는 지표로도 사용한다. 다만, 상권의 특징에 따라서 유동인구는 여러 형태로 나타난다고 할 수 있다. 예를 들어서 지하철 역세권 중 부동의 1위 자리를 고수하는 2호선 강남역의 경우 코로나 이전에는 1일 약 20만 명이 이용하고, 이동이 가장 빈번한 강남역 반경 500미터 내 유동인구는 35만 명에 이른다. 지하철역 이용객 20만 명과 유동인구 35만 명인 강남역 상권은 서울의 1등 상권으로 주변 직장인뿐만 아니라 외부에서 유입하는 상권 확장성에 따라 좌우되는 상권이다.

유동인구가 높게 나타나는 지역은 강남역과 같이 상권 유입력이 좋은 지역도 있지만 도시의 중심 도로가 지나거나 인근에 차량 이동이 빈번한 국도, 고속도로가 지나는 지역도 상권에 미치는 실제 유동인구보다 높게 나타난다. 즉, 상권에 의미 없이 흘러가는 유동인구가 많다는 것이다. 이에 비해서 상권의 실제 유동인구가 이용하는 지역 상권이나 앞서 언급한 가산디지털단지에 영향을 미치는 가산동의 유동인구를 보면 인근의 서부간선도로, 가산디지털단지 인근의 도로를 이용하는 흘러가는 인구를 제외하면 직장인 이용 패턴과 유사한 점을 볼 수 있다.

지역	구분	2021.12	2022.01	2022.02	2022.03	2022.04	2022.05	2022.06
가산동	인구	162,741	153,457	147,410	123,137	145,444	149,157	142,649
	증감률	–	▼5.7	▼3.9	▼16.5	▲18.1	▲2.6	▼4.4

월별 일평균 유동인구 현황 (단위 : 명, %)

지역	구분	2022.07	2022.08	2022.09	2022.10	2022.11	2022.12
가산동	인구	177,662	176,033	144,489	129,694	174,985	156,538
	증감률	▲24.5	▼0.9	▼17.9	▼10.2	▲34.9	▼10.5

출처 : 상권정보시스템

요일별 일평균 유동인구 현황 (단위 : 명, %)

지역	구분	주중/주말		요일별						
		주중	주말	월	화	수	목	금	토	일
가산동	인구	183,586	90,050	184,633	184,644	183,547	183,642	179,469	97,411	82,690
	비율	67.1	32.9	16.8	17.0	16.7	16.7	16.3	8.9	7.5

출처 : 상권정보시스템

즉, 1일 유동인구 약 15만 명 이상을 유지하고 있는데, 월~금요일 유동인구는 일정한 수준을 유지하고 있지만 토요일과 일요일은 평일의 절반 정도에 미치고 있다. 그러나 우리는 유동인구를 이해할 때 데이터만으로 이해해선 안 된다. 가산디지털단지에는 오피스가뿐만 아니라 주말에 집객되는 아울렛 패션가가 있다. 만약, 요일별 유동인구를 이해할 때 가산디지털단지 오피스가 내에서 직장인 대상으로 판매나, 서비스를 하는 업종으로 진입할 경우에는 오피스가의 90% 이상이 주말에 근무하지 않기 때문에 주중 영업만 염두에 둬야 하지만, 아울렛 패션가 내에 진입한다면 주중보다 집객이 집중되는 주말에 적극적인 영업이 필요하다(주말 유동인구 감소는 오피스가 근무 형태 영향 때문으로 판단됨). 이것은 유동인구 이해에는 데이터 못지않게 상권에 영향을 미치는 교통 및 집객시설과 고객들의 라이프스타일을 함께 이해해야 알 수 있다.

아파트 현황을 통한
상권 경쟁력 평가

    상권 조사에서 빠질 수 없는 것 중 하나가 주거 환경 조사이고 그중에서 아파트 거주 비율이 올라가면서 아파트 현황 평가는 무엇보다 중요한 요소 중 하나가 되었다. 다음은 2021년 통계청의 일반 가구별 주거 현황을 살펴본 것이다.

임대 아파트의 유형								
시도 구분 (1)	소득 구분 (1)	2021년 기준 일반 가구별 주거 현황						(단위 : %)
		단독주택	아파트	연립주택	다세대 주택	비거주용	주택 이외 거처	계
전국	전체	30.4	51.5	2.1	9.3	1.5	5.2	100.0
	저소득층	45.1	33.5	2.1	9.3	2.0	8.0	100.0
	중소득층	23.5	58.2	2.3	10.6	1.3	4.1	100.0
	고소득층	13.7	76.0	1.8	6.2	0.9	1.5	100.0

시도 구분 (1)	소득 구분 (1)	2021년 기준 일반 가구별 주거 현황						(단위 : %)
		단독주택	아파트	연립주택	다세대 주택	비거주용	주택 이외 거처	계
수도권	전체	22.4	52.0	2.4	14.9	1.4	6.9	100.0
	저소득층	32.8	34.5	2.0	16.5	1.9	12.3	100.0
	중소득층	20.1	52.9	2.8	17.2	1.4	5.6	100.0
	고소득층	11.5	74.9	2.1	9.1	0.7	1.7	100.0
광역시	전체	28.4	59.1	1.4	5.9	1.4	3.8	100.0
	저소득층	42.0	40.5	1.8	8.0	1.6	6.0	100.0
	중소득층	21.0	68.8	1.4	5.3	1.1	2.4	100.0
	고소득층	10.0	85.3	0.6	1.5	1.5	1.1	100.0

출처 : SH서울도시공사, 통계청

아파트가 51.5%, 단독주택이 30.4%, 기타(연립주택, 다세대주택, 기타 외)가 18.1%로 아파트가 절반을 약간 상회하는 수준의 분포를 나타내고 있다. 건물주(시행사)는 상가가 활성화되어야만 분양(매각)과 임대를 통한 수익 회수가 가능해진다. 따라서 상권과 상가가 활성화되기 위해서는 배후인구나 주거 환경이 어떤지가 중요할 수밖에 없다. 앞의 수치를 보면 아파트 외의 주거 환경이 절반 정도이기 때문에 이들도 중요한 배후인구로 고려할 수 있지만, 주된 거주 형태가 아파트 중심으로 바뀌면서 아파트 단지와 세대의 분석은 무엇보다 중요하다. 이것은 상권의 배후인구를 고려할 때 단독주택보다는 아파트 주민들이 얼마나 거주하는지에 대한 조사와 그 아파트의 유형에 대한 평가가 병행되어어야만 상권 조사가 의미 있는 결과를 얻을 수 있다는 것을 의미한다.

아파트 유형 평가

입주민의 상권 영향력을 살펴보기 위해서 분양 아파트와 임대 아파트 두 가지 유형으로 나눠 평가할 필요가 있다.

① 분양 아파트의 경쟁력 평가

공급한 시기에 대한 평가 : 입주 초기에는 평균연령대가 주변보다 낮고, 아이를 동반한 세대수가 많아서 소비 주체를 아이와 엄마를 대상으로 하는 업종이 유리하다. 또한 입주 초기에는 같은 업종, 아이템이라도 고가보다 중저가에 맞는 브랜드를 유치하는 게 유리하고, 5년이 넘으면 중고가 정책을 채택하는 게 합당하다.

개발 주체에 따른 유형

》신도시, 택지지구 아파트 : LH나 지방도시공사가 주체가 되어 서민 주거지개발, 산업단지 배후주거지역, 자족도시를 목표로 개발한다. 공공개발에 목표를 두고 있어서 임대 아파트 비중이 지나치게 높을 경우 소비력이 저하될 수 있으나, 공공개발로 진행하기 때문에 사업 속도가 빨라서 상권 형성이 빨라진다.

》재개발, 재건축아파트 : 도심에 민간이 주도해 주택조합을 중심으로 개발이 진행된다. 대단지일 경우 단지 내 상가는 주변 배후인구까지 흡수력을 발휘해 조기에 상권이 정착, 안정화될 수 있다. 다만, 지나치게 조합 수익을 고려해 높은 상가 분양가가 형성될 경우 임대료가 높아서 주민 생활에 필수적인 업종 진입을 어렵게 한다. 또한, 주택조합 설

립 과정에서 사업진행 속도가 느리고 건설사가 지정되더라도 최종 이주와 철거가 진행되지 않고 있다면 사업진행 속도를 가늠하기 어려운 것이 단점이다. 그리고 간과할 수 있는 것이, 재개발, 재건축아파트 입주 주민들은 기존 거주자가 재입주할 비율이 높기 때문에 주요 업종의 경우 기존에 이용하는 업소가 있어 초기에 방문율이 떨어질 수 있다.

>> 세대수 : 세대수가 많을수록 소비할 수 있는 세대와 인구가 많다는 것을 의미한다. 일반적으로 여러 단지가 있는 근린 상가의 경우 세대수가 가장 많은 단지 인근의 근린 상가가 인근 단지의 인구들을 흡수해 상가 활성화가 가장 빨리 될 가능성이 높다.

>> 아파트 브랜드 : 일반적으로 메이저 건설사 아파트의 경우 공공분양이나 마이너 건설사의 아파트보다 입주자의 소득 수준이 안정되었다. 따라서 브랜드 아파트의 비중이 높은 상업지구나 근린 상가를 선택하는 게 공공분양 아파트 상가보다 경쟁력이 있다.

>> 면적(평형대) : 상권이 안정화되기 위해서는 한번 입주하면 장기간 거주하는 세대가 많을수록 유리한데, 면적으로는 $100m^2$(30평형) 초반대 면적의 아파트가 이에 해당한다. 부부와 10대 자녀를 동반하는 경우가 많은데, 10대까지는 학교 문제 때문에 이사가 어렵지만 $130m^2$(40평형) 이상일 경우 자녀 연령대가 20대가 넘고, 부부들도 소비에 있어 지역 내보다는 지역 외로 이동해 소비하는 경향이 두드러진다.

② 임대 아파트의 경쟁력 평가

서민 주거 안정을 위해서 개발되는 신도시, 택지지구에는 의무적으로 일정 비율 임대 아파트가 개발된다. 여러 정부를 거치면서 다양한 형태의 임대 아파트가 공급되었지만, 분양 아파트와 비교했을 때 입주자의 소비 수준이 낮기 때문에 일부 아파트의 경우 분양 아파트의 30%에도 소비력이 미치지 못하는 경우가 있다. 임대 아파트의 경쟁력은 입주자를 모집할 때 입주자 자격요건을 보면 판단할 수 있다.

임대 아파트의 주거지 인근에서 소비가 일어나지 않는 원인은 크게 두 가지로 볼 수 있는데, 첫 번째는 입주자의 소득 수준이 극히 낮은 경우이고, 두 번째는 입주자들의 경제활동이 외부에서 이루어지고 주거지에는 잠만 자러 올 때 주거지 상권에서의 소비력이 발휘되기 어렵다. 임대 아파트는 새로운 정부가 들어서면 새로운 이름의 아파트가 공급되어서 경쟁력을 판단하기 쉽지 않지만 크게 분류해보면 다음과 같다.

임대 아파트의 유형			
유형		내용	상권 영향
공공 건설형	영구임대	최저소득 계층의 주거안정을 위해 50년 이상 또는 영구적인 임대를 목적으로 공급하는 공공임대주택	소비력 낮아서 상권 활성화에 어려움.
	국민임대	30년 이상 장기간 임대를 목적으로 공급하는 공공임대주택	상권 안정적/가족 거주자 비중이 높음.
	장기전세	전세계약의 방식으로 공급하는 공공임대주택	비중 높지 않음.
	공공임대	일정 기간 임대 후 분양전환할 목적으로 공급하는 공공임대주택	상권 안정적/ 장기 거주
	행복주택	대학생, 청년, 사회초년생, 신혼부부 등 젊은층의 주거안정을 목적으로 공급하는 공공임대주택	상권 형성 어려움.

유형		내용	상권 영향
민간임대형	민간임대	민간사업자가 임대목적으로 건축시행한 아파트(공공지원형/민간개발) 8년 임대 후 분양이나 임대/전세보증금 대출	상권 형성 어려움.
공공매입형	기존 주택 매입임대	기존 주택을 매입해 저소득 서민, 청년, 신혼부부 등에게 공급하는 공공임대주택	상권 형성 어려움.
공공임차형	기존주택 매입전세	기존 주택을 임차해 저소득 서민, 청년, 신혼부부 등에게 공급하는 공공임대주택	상권 형성 어려움.

출처 : SH서울도시공사

PART

04

MD 구성 전략 실행

I. M과 브랜딩
전략 수립

I. M이란?

I. M(Information Memorandum)이란 기업(시행사)이 투자자 유치를 위해서 기업, 상품(서비스), 재무적 상황, 홍보 등 전반을 설명하는 투자 설명서(투자 제안서)를 말한다. 상업용 부동산에서도 상가 시행 개발을 할 때 자금조달을 위한 금융 관계사, 상가 투자자, 상가 임차인과 이해관계인을 대상으로 적극적인 설명이 필요하다. 상가 투자 제안서는 이해당사자에게 상가 가치를 유효 적절하게 표현하는 자료이며, 한마디로 우리 상가에 투자했을 때 당신에게 얼마나 이익이 되는지에 대해 설명하는 자료이다.

I. M에 실리는 내용은 상가 시행사인 기업의 현황에 대한 소개, 재무적 상황, 상가의 상권 콘셉트와 시행사의 철학, 상가의 각 조닝의 구성, 세부 MD 구성에 대한 설명과 같은 전반적인 정보를 담게 된다. I. M 자

료의 현실성을 높여서 이해관계인에게 만족을 주기 위해서는 충분한 상권 조사와 업계 동향, 운영 전략에 대한 실현성이 있어야 투자자들이 반응하게 된다.

상업용 부동산 브랜딩이란?

상품을 설명할 때 텍스트적인 설명뿐만 아니라 스토리와 이미지를 입혀서 상품을 효과적으로 알릴 때 상품에 대한 브랜딩(Branding) 작업을 하게 된다. 브랜딩 작업에는 그 브랜드가 지향하는 가치를 스토리로 만들고, 브랜드에 맞는 이미지, 매체를 통한 홍보를 위해서 동영상을 만들고 조형물을 설치하기도 한다. 잘 만들어진 브랜드는 상가의 경쟁력을 높여서 상가 활성화에 도움이 되지만 잘못 만들어진 브랜드는 오히려 혼란만 초래하는 경우도 있기 때문에 상품에 대한 이해를 한 뒤에 브랜드 작업에 임해야 한다. 부동산에서 브랜드 작업은 아파트의 경우 시행사들이 영세할 경우 대형 건설사들의 브랜드를 사용해 신뢰도를 높일 목적으로 하지만 시행 주체에 따라서 독자 브랜드를 사용하는 경우도 많아지고 있다.

건설사들이 브랜드를 적극적으로 사용하는 분야는 경쟁이 가장 치열한 아파트로 현대 힐스테이트, 삼성 래미안, 대우 푸르지오, 대림 e편한세상, 포스코 더샵 등이 우리에게 친숙한 브랜드이다. 그러나 도심의 대규모 재건축, 재개발이 활발해지면서 재건축(재개발)조합이 건설사 브랜드를 사용하기보다는 독자적으로 브랜드를 만들어서 차별화하려는 추세이다. 대표적인 곳으로 잠실엘스(5,678세대), 송파헬리오시티(9,510세대), 고덕그라시움(4,932세대)이 있다. 그렇지만 시행사들이 지나치게 차별화해 브랜딩 작업에 집착하다 보니 외래어 일색으로 길어지면서 시부모님이 자식의 집을 찾지 못하게 하려는 의도라는 웃지 못할 부작용도 생겨나고 있다.

2000년대 이후에는 아파트형 공장이 지식산업센터라는 이름으로 갈아타면서 건설사마다 신도시 자족 용지, 도심의 준공업지역을 개발하면서 다양한 지식산업센터가 공급되었다. 이 시기는 서울 도심의 서울산업단지공단 내의 구로디지털단지와 가산디지털산업단지에 지식산업센터가 경쟁적으로 들어오던 시기이다. 건설사들이 경쟁적으로 브랜딩 작업에 나서면서 대륭 포스트타워, 코오롱 디지털타워빌란트, 에이스건설 트윈타워 등이 이 시기 브랜드이고, 2010년대 이후에는 현대건설이 대규모 부지에 현대지식산업센터를 개발했고, SK건설의 V1이라는 브랜드가 들어섰다. 이를 시작으로 건설사마다 차별화된 지식산업센터를 내놓고 새로운 브랜드를 경쟁적으로 도입했다. 이후 건설사들은 더욱 차별화되고 고급진 브랜드를 만들기 시작했는데, 이 시기는 건설사를 부각하는 것보다 독자 브랜드를 내세우던 시기이다.

현대건설이 문정법조단지에 세운 테라타워, 포스코건설의 송도 AT타워, 광주 첨단의 더센텀하이테크, SK D&D의 생각공장이 대표적인 최근 지식산업센터 브랜드들이다. 또한, 대규모 주상복합단지에서 저층부를 스트리트형 상가로 개발하면서 건설사들이 독자적인 브랜드를 내놓았는데, 대표적인 곳으로 호반건설의 아브뉴프랑과 2호선 합정역에 GS건설에서 주상복합형으로 개발한 메세나폴리스가 있다(메세나폴리스의 원래 명칭은 서교자이웨스트밸리였다고 한다).

2010년대를 넘어서면서 신도시와 세종시에 대규모 개발이 시작되면서 주상복합형의 저층부와 복합상가에도 독자 브랜드 붐이 일었다. 그러나 멋진 브랜드를 만들었지만 도시계획의 문제, 고공 행진한 토지 가격에 따른 분양가와 임대가 상승에 과도한 상가 공급, 체계적 MD 구성 실패가 겹치고, 시간이 지남에 따라서 상가 추세 변화로 준공된 지 10여 년이 다 되었지만, 태반이 공실이다.

앞으로 상가 개발은 상권의 적합도, 토지 가격의 적절성, 건축 비용의 절감, 체계적인 브랜드 전략, 상가의 조닝과 MD 구성 전략뿐만 아니라 공실 해소를 위해서 어떤 전략이 필요한지에 대한 숙제도 함께 남겨주었다.

수요자 중심 상권
범위의 분석

상가 수요자를 중심으로 한 상권 범위

상권 범위를 나누는 고전적인 방법은 물리적 거리를 기준으로 1차 상권, 2차 상권, 3차 상권으로 구분하는 것이다. 그런데 최근 추세는 상가 환경에 따라서 수요자를 어떻게 집객할 것인지를 기준으로 상권 범위를 결정하고 MD 구성을 하게 된다. 상가 MD 구성에서 각 조닝별로 어떤 카테고리와 업종을 유치할 것인지 결정하기 전에 상권 범위에 어떤 수요자(고객)들이 분포하고 있는지 조사하는 것이 가장 중요하다. 상가, 건물을 중심으로 어떤 수요자들이 분포하고, 그들이 필요한 것이 무엇인지 어떤 수요가 발생할 수 있는지 파악할 필요가 있다.

그렇다면 먼저 수요자의 범위를 결정할 때 필요한 환경 분석에는 어떤 것이 있는지 살펴보자. 앞서 상권 조사에서 실질적으로 상가, 건물을 이용하는 수요자 조사에서 배후인구, 상권 구조를 살펴보았고, 이곳에서는 상가, 건물 자체의 물리적 환경이 어떻게 상권 범위에 영향을 미치는지를 중심으로 살펴보자.

상가, 건물의 물리적 환경 분석

① 상가, 건물의 규모

배후에서 수요층이 충분한 상권이라면 동일 상권 내에서 상가, 건물의 경우 규모가 클수록 집객력도 커지는 게 일반적이다. 그러나, 2010년도 이후 시행된 신도시 스트리트형 상가의 상당수는 수요층이 고려되지 않고 규모만 커서 공실의 직접적인 원인이 되기도 했다.

상가, 건물의 규모가 상권에 미치는 사례로는 대규모 지식산업센터의 지원시설과, 주상복합형 상가의 경우 직접적, 필수적(핵심) 수요층이 충분할 경우 인접 수요층까지 흡수해 상권의 중심이 되는 사례가 얼마든지 있다. 특히, 지식산업센터의 경우 상부는 아파트형 공장, 섹션오피스로 구성될 경우 사옥이 필요한 실수요자(업체)가 많으면 실제적인 수요층으로 연결되고, 인접 지식산업센터에서 지원시설이 소규모나 아예 없을 경우 해당 상가, 건물은 상권 내 앵커스토어 역할을 해 집객력이 커진다. 또한 지역 주민의 집객력이 큰 근린 상권의 경우 가장 큰 필지에 시행된 상가가 인접 경쟁 상가보다 중심 역할을 하는 경우가 있는데, 이는 상가의 규모 때문이다. 물론 수요층에 맞는 적절한 규모가 전제되어야 한다.

② 조닝 구성의 중요성

상가, 건물 기획자들의 최상의 목표는 수익성을 어떻게 최대로 하느냐이다. 그러나 수익성에 집착하다 보면 자칫 상권 활성화에 실패하는 경우가 많은데, 대표적인 이유로는 유효 적절한 조닝 구성에 대한 이해가 부족해서이다. 이때 나타나는 주요 문제는 다음과 같다.

»» 내부 동선 실패 : 조닝을 구성할 때 무엇보다 수요자들이 상가, 건물에 진입해서 자연스러운 동선이 연결되도록 조닝 구성을 해야 하는데, 이때 적절한 스페이스와 공간을 할당해야 한다. 무리하게 공간 구성을 하다 보면 내부 동선이 엉키게 되고, 같은 층뿐만 아니라 상층부로 동선이 연결되지 않아서 집객력이 떨어지는 요인으로 작용한다. 또한, 수익성을 높이기 위해서 플라자형 상가의 경우 시행사는 상가 이용자가 진입하기 쉬운 전면도로 출입구보다 측면 출입구를 선호하는 경우가 있다. 측면에 출입구를 둘 경우 점포 가치가 높은 전면에 한 칸 정도의 점포 공간이 늘어나기 때문에 분양이나 임대 수익이 늘어난다. 이와 같이 상가 이용자의 편리성을 외면하고 수익 위주로 상가를 기획했을 때 상가 이용자의 진입을 저해해 집객의 방해 요소로 작용해 상권활성화에도 어려움을 겪을 수 있다.

상가는 수익성도 좋지만, 이용자들이 이용하기 쉬워야 활성화되고 결국 이것이 가치로 직결된다. 물론 유치 예상 업종 및 동선 흐름상 전면 출입구보다 측면 출입구가 더 효과적인 경우도 많다. 최근에는 동일 상권에 유사한 상가, 건물이 많아지면서 집객력을 높이기 위해 공간을 많이 두고 내외부 조형물과 인테리어에 많은 투자를 하는데, 이는 결국 상권 활성화를 위해서라는 점을 염두에 둘 필요가 있다.

»» 부적절한 공간 면적 : 분양 상가에서 많이 나타나는 현상으로, 개인 상가 투자자들이 손쉽게 접근할 수 있는 소형 면적으로 구분상가를 구획할 경우 빠른 분양이 가능하지만, 실수요자인 임차인의 쓸 수 있는 면적 구성이 어렵다. 1층의 경우 최소한 점포 기능을 하려면 10평 이상이 되어야 하지만 예를 들어 전체 구성을 8~9평으로 할 경우 제한된 업종만 진입하고, 2개 이상 구분상가를 합칠 때 임대료가 비싸지니 적절한 업종 유치가 어렵다. 따라서 각 층별 MD를 구성할 때 적합한 업종, 브랜드의 필요 면적에 대한 연구가 필요하다. 이 부분은 이 책에서 여러 번 언급되는 부분으로 여기서 더 이상 설명은 하지 않겠다.

③ MD 구성 실패

상가, 건물 규모가 커질수록 상가 기획자들로서는 공간을 채우는 것이 가장 큰 숙제이다. 따라서 우선 큰 공간부터 채우려는 마음이 앞서서 전체 MD 구성의 조화를 생각하지 않고 트렌드가 지났거나, 직접적으로 다른 업종의 진입에 방해되는 경우가 있다. 예를 들어 앞서 언급되었던, 대형 사우나, 웨딩뷔페, 한식뷔페가 진입했을 경우 트렌드가 확연한 쇠퇴기라면 문을 닫을 경우 전체 상가를 침체에 빠뜨릴 수 있다. 특히 아직은 상권 효과가 어느 정도 미치는 복합 상영관처럼 코로나를 거치면서 넷플릭스와 같은 OTT 플랫폼 서비스가 커지면서 과거와 같은 상권 효과를 기대하기 어려운 업종도 있다. 양면성을 가지는 업종 중에는 대형 오피스 건물이나 지식산업센터의 경우 근무자들의 편의를 위한 구내식당의 경우 내부 직원의 편의성과 점심시간 외부 유출을 막는 효과는 있지만 상가에서 절대적인 임차인인 음식점의 경쟁력을 떨어뜨려서 상가 활성화의 저해 요소로도 작용한다.

④ 수요자 중심의 MD 구성

상가, 건물을 취득하거나, 새롭게 신축하면서 간과하는 사실 중 하나가 대부분 내가 가진 상가, 건물이 최상으로 어떤 업종을 하더라도 경쟁력이 충분하다고 생각하기 쉬운 점이다. 상가 투자자나, 창업자들의 실패 원인을 찾아보면 내가 선택한 입지, 업종이 주변 경쟁 상가, 건물보다 뛰어나다고 생각한다. 무엇보다 선택했다면 정확한 수요자에 맞는 MD 구성과 그것에 따른 업종, 브랜드를 유치하고, 그다음에 수요자 맞춤형 홍보 전략을 실현하는 것이 중요하다.

⑤ 운영 전략

상가, 건물의 규모가 커지면서 어떤 운영 전략을 가지고 관리되는지는 무엇보다 중요해졌다. 전체를 분양이나 일부 매각하지 않고 시행사나 건물주가 직접 임대 관리를 할 경우에는 중복 업종의 제한과 같은 MD 구성 관리가 효율적으로 이루어진다. 그러나 분양 상가의 경우 과거와 같은 호수별 지정 업종을 두고 분양이나 임대를 진행하지 않고, 분양 이후 상가 투자자가 임차인을 찾게 되는 상황이면 중복 업종의 심화로 상가 활성화가 조화롭게 이루어지지 않는다. 이 경우에는 상가 시행 분양사가 중심이 된 준공 이전에 얼마나 집객력이 큰 업종 브랜드가 진입하는지가 경쟁력이 된다. 따라서 분양 상가가 증가하는 추세에서 직접 임대 관리하는 상가, 건물은 찾기 어렵다면, 시행 분양사의 능력이 상가 활성화의 직접적인 키를 쥐고 있는 경우가 많기 때문에 시행 분양사의 운영 전략과 업종, 브랜드 유치 능력을 살펴봐야 한다.

수요자 중심의 상권 범위 구분

과거의 상권 범위의 기준을 앞서 언급했듯이 지리적 개념으로 반경 500m는 1차 상권, 3km까지는 2차 상권, 그 이상을 3차 상권으로 구분하던 시대가 있었다. 그런데 국내 지형이 도시의 경우 거주지가 콤팩트하게 짜여지면서 거리적 개념이 없어지는 추세이고, 지방의 경우 소비자 수요의 절대 부족으로 중심부로 집결되는 점을 감안하면 실질적으로 지리적 개념의 상권 범위는 의미가 없어졌다.

이런 점 때문에 대체로 사용했던 상권 범위의 기준을 1차 상권은 고객의 50%가 접근하는 상권 범위, 2차 상권은 1차 상권 바깥에서 오는 30% 전후의 고객 접근 범위, 3차 상권은 2차 상권 바깥에서 오는 20% 전후 고객의 범위로 정하고 있다. 그러나 이런 상권 범위 적용 기준도 고객 정보의 정확성을 기대하기 어렵고, 도시가 발전하면서 더욱 세밀하게 용도지역이 지정되면서, 용도지역에 따라서 근접 생활권에서 접근하는 근린 상가, 거점형이나 중심 상권에서 상권 확장성이 크거나, 특성화된 상권이나 상가들이 증가하면서 상권 범위라는 기준을 정하기 어렵게 되었다. 따라서 상권 범위를 정할 때 새로운 기준을 정할 필요가 있는데, 이때 수요자 중심의 상권 범위를 정하고, 그것으로 MD 구성을 해서 업종, 브랜드를 선택할 필요가 생겼다.

① 핵심 수요자(필수적 수요자)

≫ 주거지를 기준으로 할 때 해당 단지와 단지 내 상가가 없을 경우 근접 배후세대의 단지를 말하고, 지식산업센터, 오피스가의 경우 해당 상가 상층부에 근무하는 직장인을 핵심 수요자로 분류한다.

>> 핵심 수요자들이 크게 고민하지 않고 선택할 수 있는 생활에 필요한 업종을 중심으로 MD 구성 계획을 수립한다.

>> 핵심 수요자들에게 필요한 업종은 수요자 규모에 합당한 라이프스타일, F&B, 리테일, 패션&잡화 카테고리를 중심으로 업종, 브랜드 유치 계획을 수립한다.

동일한 업종이라고 하더라도 브랜드와 규모에 따라서 핵심 수요자를 중심으로 하는 브랜드와 확산적 수요자를 대상으로 하는 브랜드는 차이가 난다. 예를 들어 커피의 경우 테이크아웃 중심의 10평 전후의 스몰커피나 스낵, 패스트푸드는 핵심 수요자와 선택적 수요자를 대상으로 하지만 메이저커피인 스타벅스나, 버거킹의 유치는 확산적 수요를 염두에 둔 유치이다.

② 선택적 수요자

>> 배후세대를 중심으로 할 경우 인접 경쟁을 하는 상가와 차별화할 수 있는 카테고리와 업종의 설계이다.

>> 지식산업센터, 오피스의 경우 경쟁 지원시설 중 근린생활시설 중에서 인접한 경쟁 상가에 비해서 종사자들의 선호도가 높은 카테고리와 업종의 유치이다.

>> 선택적 수요는 경쟁하는 인접 상가, 건물에서 유치하는 카테고리와 업종의 차별화에 따라서 경쟁력이 나타난다.

>> 동일한 카테고리 업종에서는 선택적 수요자와 확산적 수요자를 대상으로 하는 업종 브랜드가 갈리는 경우가 많은데, 예를 들어 15평 전후의 패션, 여성의류는 선택적 수요자에 가깝지만, SPA브랜드는 확

산적 수요자를 대상으로 한다.

③ 확산적(상권의 확장성) 수요자

≫ 지역과 도시에 거주하거나 경제활동을 하는 전체 수요자들을 집 객시킬 수 있는 상권의 확장성으로 인해 유입되는 수요자를 확산적 수 요자라고 한다.

≫ 확산적 수요자를 집객시키기 위해서는 지역과 도시 단위의 집객 력이 큰 카테고리와 업종이 필요하다. 대표적 업종으로 SPA브랜드, 메 이저 브랜드 카페, 패스트푸드, 베이커리숍, 상층부의 경우 어학원, 병 원, 의원급이라도 특화형 의원들이 해당된다.

≫ 업종, 브랜드의 경쟁력뿐만 아니라 홍보, 마케팅을 통해서 상권 확 장성이 커지고, 확산적 수요자는 증가한다.

상권 환경 분석과 시장조사

① 타깃 소비자 분석

≫ 라이프스타일 분석 : 상가를 이용하게 될 배후인구들의 규모와 인 구 구성(연령대), 경제활동, 라이프스타일은 타깃 소비자 분석에 중요하 다. 이때 기초적인 조사는 행정 통계자료 수집과 가공, 현장조사를 통 해서 이루어진다. 현장조사는 상권 내 앵커스토어 및 업종 분포, 주요 업종 매출액 추정, 주민 생활 동선을 통해 판단한다. 필요에 따라 설문 조사 기법을 사용하지만 비용의 과다, 표본 추출 문제의 위험성으로 인 해 개별상가를 위한 조사에는 잘 사용하지 않고, 도시의 특정 상권 현

황이나 개선 방향을 도출하기 위해서 기관에서 주로 이용한다.

② 경쟁 상가와 벤치마킹 상가의 사례 분석

상권 내 경쟁이 될 만한 상가와 다른 지역이라도 유사한 상권의 벤치마킹 상가를 선정해 자료를 수집해 정리하면 타깃 상가 홍보와 MD 구성 계획을 수립하는 데 도움이 된다. 경쟁 상가와 벤치마킹 상가의 사례 분석에서 필요한 조사 항목은 다음과 같다.

≫ 타깃인구 분석(유효 상권 범위 배후인구 분석) : 필수적 수요자, 선택적 수요자, 확장적 수요자가 얼마나 될 것인지와 경제활동 행동 분석을 한다. 주중 출퇴근 시 이동패턴과 주말 휴식 시 행동 분석이 핵심이다.

≫ 브랜딩의 적절성 분석 : 상권에 적합하게 상가, 건물의 브랜딩 작업이 이루어졌는지와 이해당사자(재무적 투자자, 수분양자 및 임차인)에게 충분히 어필할 수 있는지에 대한 분석이 이루어져야 한다.

≫ 광고, 홍보 전략 분석 : 온오프라인을 활용한 광고, 홍보 전략은 어떻게 이루어지고 있는지를 분석해야 한다.

≫ 층별 조닝과 MD 구성에 대한 분석 : 각 층별 조닝 구성과 MD 구성, 브랜드 유치 전략과 실행이 적절한지에 대한 분석이다.

조닝과 상가 MD 구성의 차이

조닝(Zoning) 계획이란 상가, 건물 공간을 사용 용도와 법적 규제에 따라서 구획하고 구분하는 작업을 말한다. 이에 비해서 상가 MD 계획이란 각각의 용도별 법적, 기능별로 구분된 조닝 계획에 따라서 어떤 업종과 브랜드를 유치할 것인지를 계획하는 작업이다.

상가 시장은 공급 과잉과 경기가 위축되면서 증가하는 상가 공실 문제가 시행 분양사나 임대인에게 닥친 가장 큰 어려움이다. 한때는 분양 승인이 나기 시작하면 수개월 안에 완판을 이루고 심지어 시행사에서 분양받은 토지에 대한 사용승인이 나면 사전 청약이라는 이름으로 분양받기 위해서 줄을 서던 시절도 있었다. 그러나 금융 시장의 불안정성과 토지 가격, 건설 원가 상승은 분양가 상승을 압박하면서 분양, 임대에 따른 높은 수수료가 지급되어도 상가 분양과 임대는 원활히 이루어지지 않고 있다. 최근 상가 시장은 이런 영향으로 상권의 배후세대, 분양가, 가시성, 접근성과 같은 상권과 상가의 내외적인 환경 못지않게 시행 분양사에서 상가를 어떻게 팔고 채울 것인지에 대한 전략 수립, 즉 상가 분양과 임대 마케팅 계획이 승패를 좌우하고 있다. 상가를 분양하기 위한 목적뿐만 아니라 수익성 상가로 전체를 임대하는 경우에도 어떤 전략으로 임대를 맞추느냐에 따라서 연관 업종, 브랜드의 진입을 촉진해 공실률을 낮추게 된다.

특정 상가에 대한 투자자와 입주상인(임차인)들은 시행 분양사의 MD 전략과 계획을 보고 해당 상가를 선택하는 경우가 증가하고 있다. '상가 조닝과 MD(이하 상가 MD)' 전략에서 가장 중요한 것은 상권, 입지에 적합한 분류별 카테고리 조합을 만들고, 여기에 합당한 업종과 그것에 맞는 브랜드와 업체를 찾는 것이다. 상권, 입지에 적합한 카테고리 하부의 업종과 브랜드를 찾는 구성 작업은 해당 상가를 중심으로 한 상권, 입지 분석을 통해서 가능하다.

상가 MD 구성을
위한 준비

상가 MD 구성 계획

상가 MD 구성 계획은 기존 상가를 매수 취득하는 경우와 신규로 시행 상가를 분양받거나 신축하는 경우에 따라서 차이가 난다.

① 부동산을 취득한 이후 MD 구성 계획

보다 높은 임대 수익을 기대하거나, 향후 매각을 통한 시세 차익 극대화를 위해서 공실을 채우는 수동적인 전략의 비중이 높다. 그러나, 최근에는 취득 이후 가치 상승을 위한 빌드업 작업을 적극적으로 진행해 아예 다른 용도로 리모델링 이후 용도변경과 공간 구성을 다시 한 뒤 MD 구성 작업과 함께 새로운 임차인을 찾는 작업이 이루어진다. 특히 2010년도 이후 인접 지역에 상권이 활성화되었거나, 상가 개발이 진행되는 지역의 경우 주택을 상가로 개발하는 사례가 증가했다. 대표적으로 다가구주택이나 소규모 상가 주택 지역인 경리단, 연남동, 서울 대입구역 등이 해당하는데, 이런 상권의 경우 빌드업을 할 경우 상권의 정점기와 쇠퇴기를 판단하지 못한다면 큰 손해를 보기도 한다.

② 신축 상가 MD 구성 계획

신축 상가의 경우 전체 상가 건물을 구분해 분양하는 상가와 통상가를 신축해 임대 수익용으로 활용하거나 시세 차익을 목적으로 하는 상가로 나뉠 수 있다. 단독으로 통상가를 신축해 임대 수익과 시세 차익을 목적으로 할 경우 어떤 업종을 유치했을 때 매수자가 관심을 가질 것인지와 어떤 업종이 임대 수익률이 높고 안정적인지를 따져서 MD 구성 계획을 수립한다. 신규 분양하는 구분상가의 경우 조기 분양과 완판이 이루어질 때 이익이 극대화되므로 모든 목표는 분양에 맞추어진다. 따라서, 최근 추세는 분양 이전에 선임대를 통해서 경쟁력 있는 업종을 충분히 유치해 상가가 얼마나 경쟁력 있는지를 상가 투자자인 수분양자에게 홍보하는 추세이다.

분양 상가 MD 구성 계획

분양 이전 선임대 단계에서 MD 구성은 분양을 위한 상가 시행, 분양사의 이익 극대화에 초점이 맞추어질 수밖에 없기 때문에 이해당사자인 상가 투자자, 임차인 이익을 반영하기에는 한계가 있다. 따라서 상가 시행사가 주도하는 신축 상가 MD 구성 계획은 상가 시행, 분양사, 상가 투자자, 임차인들 간 관계에 대한 이해가 필요하다. 다음은 가장 일반적인 분양 상가의 MD 구성 계획의 수립 과정이다.

① 시행 분양사 MD 구성 계획

신규 시행 상가의 MD 구성 계획은 조기 완전 분양이나 선임대 유치를 통한 시행사와 분양사의 이익 극대화에 목적이 있다고 앞에서 설명했다. 이것은 준공 이후 상가 활성화를 통한 상가 투자자, 임차인 입장에서 MD에 대한 검토를 하는 것과는 차이가 난다. 상가 MD 구성 원칙은 선택 상권 범위에 기초한 접근성, 주변 경쟁 상권과 상가 검토, 학교 정화 구역 및 도시 조례에 따른 규제 등을 참고해 업종 카테고리를 만들고, 각 카테고리에 관련된 업종과 브랜드를 분류하는 방법으로 진행한다.

계획단계의 MD 구성은 대체로 층별에 같은 용도를 배치해 같은 군별, 용도별, 업종을 나열하는 방식으로 진행한다. 상가 계획과 시행 중의 MD 구성 계획은 조기 분양 완판과 선임대를 통해서 조기에 입주자를 확정해 완공 이후 공실 위험성을 최소화하기 위한 것에 초점이 맞춰져 진행된다. 그러나 조기 분양에 목표가 있을 경우 상가 투자자와 임차인 유치를 위해서 지나치게 홍보에 초점을 두고 상가 MD 구성 계획을 수립한다는 점을 알아둬야 한다. 즉, 상권에 부적합한 업종 구성, 업종에 부적합한 면적, 공간 구성이라고 하더라도 홍보에 도움만 된다면 대중에게 친숙한 브랜드나, 유망 업종, 상가 투자자가 관심이 높은 업종을 무리해 선임대 계약을 진행한다. 대표적인 추천 업종으로 유명 프랜차이즈 브랜드, 유향 업종, 상가 투자자가 좋아하는 메디컬, 학원 업종 등을 중심으로 유치에 나서는 것도 그 때문이다. 만약 부적합한 MD 구성으로 선임대를 유치하더라도 렌트프리, 인테리 비용 지원 등 임차인에게 지원되는 약효가 끝나면 임대료 지급이 이루어지지 않고, 폐업하는 경우 상가 활성화를 방해하고, 나아가 장기 공실에 빠질 위험성을 가지고 있기 때문에 주의해야 한다.

② 상가 투자자, 임차인이 원하는 MD 구성

우리는 상가 투자자 입장에서는 자신이 선택한 상가에서 단순히 높은 수익률만 올리기를 원한다고 생각하지만, 상가 공실과 상권 침체, 변화가 심해지면서 장기적으로 안정적인 업종이 진입하기를 희망한다는 것을 간과하고 있다. 임차인들 역시 자신의 이익 실현을 위해서 상대적으로 주변 상권에 비해서 낮은 임대료를 지불하기를 원한다고 생각하지만, 그보다는 상가 전체가 공실 없이 활성화되어 장사가 잘되고 안정적으로 유지되기를 더욱 희망한다. 즉, 낮은 임대료라는 부분보다는 상가 MD 구성이 성공적으로 완성되어 상가가 활성화되어 장사가 잘되길 원한다는 것을 잊지 말아야 한다. 결국 상가 시행, 분양사와 상가 투자자, 임차인들의 이해관계는 다르지만 상가 활성화라는 공통적인 목표를 가지고 상가 MD 구성이 이루어져야 한다.

③ 성공적인 상가 MD 구성을 위해서는?

조기 분양과 임대를 위한 계획과 시행 단계에서 홍보를 위한 MD 구성은 불가피하다. 다만, 완공 이후 상가 활성화를 위해서 계획, 시행 단계와 상가 준공 이후 MD 구성이 크게 차이가 나지 않는 게 중요하다. 만약, 계획과 시행 단계와 준공 이후 상가 MD 구성이 차이가 날 수밖에 없다면 최소한 각 층별, 군별, 용도별로 큰 카테고리는 일치하는 게 좋다. 같은 층별, 군별, 용도별로 업종이 같거나 유사하게 계획했다면,

입주가 가능한 다양한 업종과 브랜드에 대한 정보를 상가 기획자가 정보를 충분히 가지고 있다면 입주할 임차인을 찾기 위한 부동산 중개업소, SNS를 통해 홍보하기 용이하다. 또한 용도 및 표시 변경이 필요하다면 즉각 대응할 수 있도록 건축사와 관련해 시, 군·구 담당 부서와 긴밀한 협의를 할 수 있도록 준비하는 것이 좋다.

타깃 고객들의 소비는
어떻게 이루어지나?

　선택 상가에 진입하려는 업종 대다수는 다중을 대상으로 하는 소상
공인, 전문 업종들로 MD 구성 계획에 따른 진입 예상 업종이나 브랜드
들의 타깃 인구(수요자)에 대한 분석을 해보면 상가의 콘셉트는 명확해
진다. 타깃 인구 분석을 통한 상가 콘셉트가 명확해지면 MD 구성 계획
에 따른 일차 진입 업종, 브랜드 컨택이 실패하면 제2, 제3의 후보를 선
정하는 데 용이하다. 진입할 수 있는 업종, 브랜드의 후보군이 많아질
수록 상가의 대체성이 증가해 상가의 경쟁력은 높아지고 활성화될 가
능성이 커진다. 그렇다면 업종, 브랜드의 타깃 고객 분석은 어떻게 하
는 게 좋을까? 업종, 브랜드 분석, 타깃 고객 설정의 방법은 일반적인
보도문이나 기사문을 작성할 때 많이 사용하는 육하원칙을 적용해 정
리해보자.

① Who(누가?) – 타깃 고객, 핵심 고객은?

연령별, 성별에 대한 정보 특정, 중요한 것은 지불 결정권자가 아닌 소비 결정권자가 누구인지에 대한 정보를 특정할 필요가 있다. 즉, 카드 주인이 아니라, 카드를 쓰는 소비의 주체가 누구인지 하는 것이다.

② When(언제?) – 주력 소비 요일? 시간대는?

소비가 언제 피크를 이루는지를 요일별, 시간대별로 정리해보자. 특정 시간대에 매출이 집중된다면, 그 시점에 적합한 연관 아이템이 함께 진입할 때 효과가 극대화된다.

③ Where(어디에서?) – 상권 범위와 입지 범위에 대한 정보?

상권 범위는 상권의 물리적 공간 범위이고, 입지 범위는 해당 상가의 입지적 위치와 조사 업종은 어떤 층에 위치하는가이다. 이는 상가 활성화에 직접적인 영향을 미친다. 같은 층과 위아래층에 연관 업종이 배치될 때 효과를 볼 수 있다.

④ What(무엇을?) – 상품에 대한 정보?

이때 복수의 상품이나 서비스의 경우 해당 점포에서 가장 영향력 높은 상품과 서비스에 대한 정보를 말한다.

⑤ How(어떻게?) – 소비의 방법?

선택의 방법은 다음과 같다.

>> **즉시성 소비** : 편의품과 같이 큰 고민 없이 즉각 선택하고 소비가 반복적으로 이루어지는가?

≫ 비교형 소비 : 패션, 선매품과 같이 비교를 통해서 소비가 이루어지는가? 점포 내 체류 시간이 길고 점포의 충성도가 높은 게 일반적이다. 비교형 매장이 많을수록 상가에 체류하는 시간은 길어진다.

≫ 체험형 소비 : 체험을 통해서 소비하는 매장으로 외식업 중 전문 음식점이나 스포츠, 생활 서비스의 업종은 먹거나, 직접 사용해봄으로써 만족을 느낀다. 대중에게 널리 알려진 맛집이나, 스폿, 생활서비스 업종이 상가 내 입점할 경우 체류 시간과 상가의 충성도를 높인다. 최근에는 많은 브랜드들이 거점형 상권에 플래그숍을 두고 상품을 체험해보게 하고, 소비는 비대면으로 이루어지는 사례가 증가함으로써 체험형 소비자는 증가하는 추세이다.

⑥ Why(왜?) – 소비의 목적은 무엇인가?

자기 만족이나 단순 소비가 주력인 곳도 있지만 부부, 가족, 모임 등 특별한 대상과 함께 소비할 때 만족감이 높아지는 업종도 있다. 단순 소비보다는 목적에 따라서 소비가 이루어지는 업종, 브랜드가 많을수록 상가의 집객 효과는 커진다.

MD 구성을 위한
업종 대체성

　국토계획법에 따른 토지의 용도지역 결정은 토지 현황, 향후 토지 이용 방향에 따라서 도시지역, 관리지역, 농림지역, 자연환경보전지역의 4단계로 구분한다. 각 용도지역에 따라서 건폐율과 용적률이 적용되어 건축물의 크기와 넓이가 결정된다. 이에 비해서 상가의 경우 주된 용도와 각 층의 용도를 세분화해 구분하는데 일반적으로 도시지역의 10층 전후 상업지역 상가라면 각 층별에는 동일하거나, 비슷한 용도로 건축 허가를 받아서 시행하게 된다. 동일 상권에 위치한 상가, 건물을 이용하는 사람들은 같은 배후에서 거주하거나 경제활동을 하는 사람들로 볼 수 있다. 따라서 같은 상권에서 동일하거나, 인접 건물 및 개별 로드숍은 같은 층 상가일 경우 입점 업종이 같거나 유사한 특징을 지닌다.

　이것은 상가건물을 신축해 임대 수익을 목적으로 하거나, 시행해 분양 수익을 목적으로 할 때도 같은 층의 건축물 용도는 같아지도록 하는데, 이는 상가를 방문하는 고객들의 라이프스타일은 동일하거나 유사하기 때문에 소비 형태도 라이프스타일을 따라간다고 보기 때문이다. 따라서 상가 기획자들이나 지역 내 상권에서 영업을 하는 공인중개사들도 하나의 상가, 건물에 진입할 수 있는 건축물의 용도에 따른 진입 가능 업종에 대한 정보를 충분히 가지고 있어야 한다.

또한, 진입할 수 있는 업종이라고 하더라도 업종 하위의 세부 업종이나 브랜드에 대한 정보를 알고 있어야 공실이 생겼을 때 즉각적으로 임차인을 채울 수 있다. 예를 들면 저층부에 진입하는 대표적인 F&B(식음료) 분야를 생각해보자. 메뉴별로 한식, 일식, 중식, 아세안식, 유러피안식, 분식, 돈가스, 스낵, 카페(커피), 즉석식 등으로 분류된다. 만약 라이프스타일로 분류한다면 짧은 시간 가볍게 먹을 수 있는 캐주얼푸드냐, 여러 사람과 함께 먹을 수 있는 헤비푸드냐, 야간에 술과 함께 먹을 수 있는 나이트푸드냐로 나눠볼 수 있다. 또한, 커피(카페)에서도 매장에서 소비가 이루어지는 형태인지, 테이크아웃 형태의 스몰커피인지의 구분이 필요하다. 결국, 메뉴 형태별뿐만 아니라 고객의 라이프스타일에 따라서 어떻게 소비가 이루어지는지에 대해 이해해야 한다는 이야기이다.

상가에 적합한 업종, 브랜드가 있다면 대체할 수 있는 업종, 브랜드에 대한 정보가 있어야 MD 구성은 원활히 이루어진다. 고층부에 진입하는 학원의 경우에도 지역 내 상권의 인구 구성에서 학생들에게 필요한 학원과 성인들을 대상으로 하는 학원에 대한 정보를 가지고 있어야 한다(이때 필요한 것은 지역 내 인구 형태와 학교 및 학생 수에 대한 정보이다).

고층부에서 가장 선호하는 또 다른 업종인 메디컬의 경우에도 상권에 적합한 과목과 그에 따른 메디컬의 규모에 대한 정보를 가지고 있어야 희망하는 개원의가 있다면 적극적으로 프로모션하기 유리하다. 진입이 예상되었던 업종의 진입이 어렵게 되었을 때 상가 기획자나 중개를 전담하는 중개업소에서 같은 용도의 다른 업종을 언제든지 대체할 수 있어야 능력 있는 상가 기획자, 상가 전문 중개업소로 인정받을 수 있다.

자영업자들은 대체성이 좋은 점포에서 창업했을 때 선택이 잘못되었을 경우 업종 전환이 쉽고, 폐업하는 경우에도 양도, 양수가 쉬워서 권리금 회수에 도움이 된다. 우리는 업종 분포가 다양한 도시의 상업지역 상가들이 대체성이 좋다고 인식한다. 그러나, 중심상업지역일수록 높은 임대료와 권리금으로 인해서 양도양수가 어려워져서 대체성을 떨어뜨리는 요소로 작용한다. 대표적으로 유동인구가 풍부한 홍대입구역이나 강남역은 점포를 필요로 하는 사람들이 많아서 대체성이 좋을 것으로 생각하지만 임대료와 권리금이 현실에 맞지 않으면 쉽게 폐업이나 양도, 양수가 어려워지는 것도 이와 같은 요인이다.

이와 같은 이유로 중심 상업용지 상가보다는 오히려 배후인구가 안정적인 근린생활시설의 경우 업종은 한정되지만 배후인구에 적합한 업종이 중복되기 때문에 업종 진입이 용이해서 임대료와 권리금을 조정하면 다른 임차인을 찾기가 수월하다. 그러나 사람들의 라이프스타일, 인구 구조, 업종 트렌드의 변화, 건축법의 강화로 인해 해당 건축물 용도로 더 이상 이용할 수 없다면 대체 업종이 진입하기 위해서는 건축물의 용도변경이 필요하게 된다. 건축물의 용도변경은 적극적 의미에서 상가, 건물에서 대체 업종을 찾기 위한 작업이다.

층별 MD 구성 계획 실행

상가, 건물의 MD 구성은 층별로 해당 층 구성에 맞는 카테고리를 선택하고 여기에 맞는 업종, 브랜드를 선택하고, 운영 형태를 프랜차이즈로 할 것인지 독립점으로 할 것인지 결정하게 된다. 이때 각 층의 MD 구성 계획을 효율적으로 진행하기 위해서는 진입할 수 있는 카테고리를 선택하고, 이것에 따라서 복수의 업종, 브랜드를 후보군으로 올려서 프랜차이즈의 경우 가맹본사와 상담하고, 독립 브랜드나 업종의 경우 어떤 콘셉트의 업체를 유치할 것인지 역시 복수의 후보군을 두고 유치 전략을 수립하는 것이 효과적이다.

MD 구성 후보군을 선택할 때는 업종, 브랜드의 면적 기준, 브랜드 평판, 독립점의 경우 점주나 기존 점포가 있을 경우 고객의 충성도를 보고 판단한다. 다음은 일반적인 플라자형 상가의 1층에 진입 가능한 업종 카테고리와 브랜드 사례로 각 층에 맞게 변형적으로 사용하면 된다. 업체는 임의의 브랜드를 선택했고, 면적은 해당 업체와 업종의 기본적인 면적 유형을 기반으로 했다.

일반적인 플라자형 상가 1층의 MD 구성 사례				
카테고리	호실	면적 (㎡)	브랜드/업종	
			우선 협상	대체 협상
카페, 델리, 패스트푸드	101~104호	200	투썸플레이스	버거킹
Fashion(스몰패션)	105호	45	여성의류	여성의류
Beauty(화장품)	106호	43	아리따움	이니스프리
카페(스몰)	107호	33	메가커피	컴포즈커피
패스트푸드(샌드위치, 도넛)	108호	66	서브웨이	던킨도너츠
라이프스타일 리테일	109호	50	편의점(GS25/CU)	이동통신
Pub(나이트푸드)	110, 111호	99	비어킹	가르텐호프
그로서리스토어 (반찬/농산물)	112호	45	반찬전문점	야채, 청과
캐주얼푸드(분식)	113호	43	국수나무	수유리우동
뷰티/라이프스타일	114호(내면상가)	33	네일숍	옷수선집

출처 : 저자 작성

업종 대체성을 위한
건축물 용도변경

　좋은 상가 건물은 '업종 대체성이 좋아야 한다'라고 앞에서 언급했다. 건축물 용도란 건축물의 구조, 이용 목적, 형태에 따라서 같은 용도별로 묶어서 분류하는 것을 말한다. 건축물은 사용승인 이후 장시간이 지나면 노후화로 인해서 건물 가치가 떨어지게 되므로 일부 수선, 리모델링하고, 경우에 따라서 더 이상 가치를 유지하기 어렵다고 생각하면 아예 철거하고 신축하기도 한다.

　건축물은 건물 자체의 문제도 있지만 장시간 경과에 따라서 그사이 시장의 트렌드가 변화하고 정부의 시장에 대한 간섭과 규제, 코로나와 같은 팬데믹 상황의 빈번한 발생에 따라서 해당 건축물의 용도를 유지하기 어려운 경우도 있다. 예를 들어 결혼연령의 상승, 비혼연령 증가로 결혼인구가 감소하고, 결혼하더라도 고급 호텔 결혼과 스몰웨딩이 증가하면서 가장 어려움에 빠진 곳은 전문 대형 예식장, 웨딩뷔페이다.

　또한 유흥문화의 퇴조와 코로나19 팬데믹으로 인한 나이트클럽, 대형 헬스클럽의 침체와 폐업이 최근 몇 년 사이 나타나고 있는 현상이다. 이런 업종은 상가, 건물 전체를 이용하거나, 1~2개 층 전체를 이용하고 있기에 장기 공실로 인해서 상가 전체, 나아가 주변 상권까지 침체에 빠뜨리고 있다.

건축물 용도변경은 현재 업종이 선택한 상가에 더 이상 유지가 어려운 경우 및 반대로 해당 상가에 진입을 원하지만, 현재 용도가 맞지 않을 경우 적극적으로 추진할 필요가 있다. 즉, 건축물 용도를 유지하기 어렵거나, 선택한 상가에 필요한 업종이 있는데 용도가 다르다면 사용을 위해서는 적극적으로 건축물 용도를 변경해야 한다. 그렇다면 건축물 용도변경을 위해서는 어떤 과정의 검토가 필요한지 알아보자. 먼저, 건축물의 용도변경을 위해서는 건축법에서 정하는 9개 시설군과 29개로 분류하는 용도별 건축물 종류를 이해해야 한다.

9개의 시설군

숫자가 낮을수록 상위 시설군이고, 높을수록 하위 시설군이다.

건축물 시설군과 용도군	
시설군	**용도군**
1. 자동차 관련 시설군	자동차 관련 시설
2. 산업 등 시설군	운수시설 창고시설 공장 위험물 저장 및 처리시설 자원순환 관련 시설 묘지 관련 시설 장례식장
3. 전기통신시설군	방송통신시설 발전시설
4. 문화집회시설군	문화 및 집회 시설 종교시설 위락시설 관광휴게시설
5. 영업시설군	판매시설 운동시설 숙박시설 제2종 근린생활시설 중 다중생활시설
6. 교육 및 복지 시설군	의료시설 교육연구시설 노유자시설 수련시설
7. 근린생활시설군	제1종 근린생활시설 제2종 근린생활시설(다중생활시설은 제외)
8. 주거업무시설군	단독주택 공동주택 업무시설 교정 및 군사 시설
9. 그 밖의 시설군	동물 및 식물 관련 시설

출처 : 건축법 시행령

용도별 건축물의 종류

9개 시설군은 29개 용도별 건축물 종류로 세분류하는데, 다음은 이 중 상업용 시설이나 상가가 진입하는 주요 건축물의 용도 분류이다.

2021년 기준 일반 가구별 주거 현황	
대분류	**소분류**
3. 제1종 근린생활 시설	가. 소매점(바닥면적 합계가 1,000㎡ 미만) 나. 휴게음식점, 제과점 등(바닥면적 합계가 300㎡ 미만) 다. 이용원, 미용원, 목욕탕, 세탁소 라. 의원, 치과의원, 한의원, 침술원, 접골원(接骨院), 조산원, 안마원, 산후조리원 마. 탁구장, 체육도장(바닥면적 합계가 500㎡ 미만) 바. 공공업무시설(바닥면적 합계가 1,000㎡ 미만) 사. 주민이 공동으로 이용하는 시설 아. 에너지공급 · 통신서비스 제공이나 급수 · 배수와 관련된 시설 자. 일반업무시설(바닥면적 합계가 30㎡ 미만) 차. 전기자동차 충전소(바닥면접 합계가 1,000㎡ 미만) 카. 동물병원(바닥면적 합계가 300㎡ 미만)
4. 제2종 근린생활 시설	가. 공연장(바닥면적 합계가 500㎡ 미만) 나. 종교집회장(바닥면적 합계가 500㎡ 미만) 다. 자동차영업소(바닥면적 합계가 1,000㎡ 미만) 라. 서점(제1종 근린생활시설에 해당하지 않는 것) 마. 총포판매소 바. 사진관, 표구점 사. 게임 관련 시설(바닥면적 합계가 500㎡ 미만) 아. 휴게음식점, 제과점(바닥면적 합계가 300㎡ 이상) 자. 일반음식점 차. 장의사, 동물병원, 동물미용실(제1종 근린생활시설에 해당하지 않는 것) 카. 학원, 교습소, 직업훈련소(바닥면적 합계가 500㎡ 미만) 타. 독서실, 기원 파. 테니스장, 체력단련장, 에어로빅장, 볼링장, 당구장, 실내 낚시터, 골프 연습장, 놀이형시설(바닥면적 합계가 500㎡ 미만)

대분류	소분류
4. 제2종 근린생활 시설	하. 금융업소, 사무소, 부동산중개사무소, 결혼상담소 등 소개업소, 출판사 등 일반업무시설(바닥면적 합계가 500㎡ 미만, 제1종 근린생활시설에 해당하는 것은 제외) 거. 다중생활시설(바닥면적 합계가 500㎡ 미만) 너. 제조업소, 수리점 등(바닥면적 합계가 500㎡ 미만) 　1) 배출시설의 설치 허가 또는 신고의 대상이 아닌 것 　2) 폐수를 전량 위탁 처리하는 것 더. 단란주점(바닥면적 합계가 150㎡ 미만) 러. 안마시술소, 노래연습장
5. 문화 및 집회 시설	가. 공연장(제2종 근린생활시설에 해당하지 않는 것) 나. 집회장(제2종 근린생활시설에 해당하지 않는 것) 다. 관람장(바닥면적 합계가 1,000㎡ 이상) 라. 전시장 마. 동·식물원
6. 종교시설	가. 종교집회장(제2종 근린생활시설에 해당하지 않는 것) 나. 종교집회장에 설치하는 봉안당
7. 판매시설	가. 도매시장(내부의 근린생활시설을 포함) 나. 소매시장(내부의 근린생활시설을 포함) 다. 상점
9. 의료시설	가. 병원(종합병원, 병원, 치과병원, 한방병원, 정신병원 및 요양병원) 나. 격리병원(전염병원, 마약진료소 등)
10. 교육연구 시설	가. 학교(유치원, 초등학교, 중학교, 고등학교, 전문대학, 대학, 대학교) 나. 교육원 다. 직업훈련소(운전 및 정비 관련 직업훈련소 제외) 라. 학원(자동차학원·무도학원 및 원격 교습하는 것은 제외) 마. 연구소(연구소에 준하는 시험소와 계측계량소를 포함한다) 바. 도서관
11. 노유자 시설	가. 아동 관련 시설(단독주택, 공동주택 및 제1종 근린생활시설에 해당하지 아니하는 것) 나. 노인복지시설(단독주택과 공동주택에 해당하지 아니하는 것) 다. 사회복지시설 및 근로복지시설

대분류	소분류
13. 운동시설	가. 탁구장, 체육도장, 테니스장, 체력단련장, 에어로빅장, 볼링장, 당구장, 실내낚시터, 골프연습장, 놀이형시설, 그 밖에 이와 비슷한 것으로서 제1, 2종 근린생활시설에 해당하지 아니하는 것 나. 바닥면적이 1,000㎡ 미만인 체육관 다. 운동장(바닥면적이 1,000㎡ 미만)
14. 업무시설	가. 공공업무시설 제1종 근린생활시설에 해당하지 아니하는 것 나. 일반업무시설 　1) 금융업소, 사무소, 결혼상담소 등 소개업소, 출판사, 신문사, 그 밖에 이와 비슷한 것으로서 제1, 2종 근린생활시설에 해당하지 않는 것 　2) 오피스텔
15. 숙박시설	가. 일반숙박시설 및 생활숙박시설 나. 관광숙박시설 다. 다중생활시설(제2종 근린생활시설에 해당하지 아니하는 것)
16. 위락시설	가. 단란주점(제2종 근린생활시설에 해당하지 아니하는 것) 나. 유흥주점이나 그 밖에 이와 비슷한 것 마. 무도장, 무도학원 바. 카지노영업소

* 상업용 상가가 없는 대분류 8, 12는 생략한다.　　　출처 : 디딤건축사사무소(http://www.ddim.kr)

건축물 용도변경

① 용도변경 신청은 건축물 용도변경 범위와 규모에 따라서 특별자치시장, 도지사 혹은 시, 군, 구 단체장에 대해서 허가 신청, 신고, 기재 내용 변경 신청을 하면 된다.

② 허가 대상은 하위 시설군에 속하는 용도를 상위군에 속하는 용도로 변경할 때 허가 대상에 해당한다.

③ 신고 대상은 상위 시설군에 속하는 용도에서 하위 시설군 용도로

변경할 경우 신고만으로 가능하다

④ 기재 내용 변경 신청은 같은 시설군의 용도 간의 변경의 경우 건축물대장의 기재 내용 변경 신청으로 가능한데, 이 중 업종에 따라서 일정 규모 이상의 시설과 업종 중에는 기재 내용 변경 신청을 해야 하는 경우도 있다. 기재 내용 변경 신청을 하도록 한 업종에는 과거 화재, 안전사고가 있었던 다중시설 업종이 해당하고 별도의 시설 기준을 제시하고 있기 때문에 확인이 필요하다. 대표적인 업종은 1종근생 의원, 한의원과 2종근생 학원, PC방, DVD방, 공연장, 오락실, 노래방, 스크린 골프장, 150㎡ 미만의 단란주점으로 용도 변경 시 해당 업종으로 용도변경과 기재 변경을 함께 해야 한다.

⑤ 용도변경 시 주의할 점은 건축법은 매년 시행령이 차이를 두고 변경되고 있고, 조건도 강화되는 추세이기 때문에 건물을 소유한 건물주나, 중개업소에서는 건축물의 용도변경을 할 때 자의적 판단보다는 건축사 자문을 받아서 진행하는 게 예기치 않은 문제가 발생했을 때 낭패를 보지 않는다.

필자의 짧은 지식으로 건축물 용도변경에 대해서 간략히 정리했지만 건축물을 매입하면서 매수자가 유치를 염두에 둔 업종과 현재 용도가 맞지 않아서 용도변경에 많은 시간과 비용이 들어가는 사례가 심심치 않게 발생하니 전문가의 도움이 꼭 필요한 사항이라는 것을 알아두자. 잘 모르면 전문가의 조언을 반드시 받는 게 좋다.

건축물 준공 시기의 중요성

통건물이든, 구분상가이든 가치를 높이기 위해서는 유망하고 안정적인 업종들이 진입할 수 있다는 것을 상가 투자자와 임차인들에게 설득할 수 있어야 하고 계획된 업종들이 실제 진입해야 한다. 안정적이고 유망한 업종이 진입할 수 있다는 것을 효과적으로 알리기 위해서 상가 MD 구성 계획을 수립한다. 통건물의 경우 완공 전후와 취득한 건물을 대상으로 계획을 수립하지만, 신축 상가의 경우 상가 시행 계획단계에서 계획을 세우는데, 완공 이후 MD 구성 계획 업종과 실제 진입 업종의 차이가 발생하면 상가 활성화에 문제를 일으킨다.

이처럼 신축 상가, 건물의 MD 구성 계획과 현실이 불일치하는 가장 큰 원인은 시행사에서 계획했던 준공을 지키지 못해서 발생한다. 준공 시기를 지키지 못해서 발생하는 MD 구성 계획과 현실 진입 업종의 불일치는 배후 타깃 고객들에게 필요한 상가가 적기에 공급되지 않아서 발생한다. 준공시기를 놓치게 되는 원인과 그에 따라서 어떤 문제가 발생하는지 살펴보면 상가의 공급 시기가 왜 중요한지 알 수 있다.

처음 상가 시행을 하는 시행사나 개인은 주변 상가보다 더 잘 지어서 명품 상가를 만들겠다는 욕심을 일정 부분 가지고 있지만, 상가 시행 경험이 늘어날수록 명품 상가가 얼마나 허상인지를 인식하게 된다. 예를 들어 상가에서 항상 부족한 주차장 대수도 늘리고, 내부 마감재를 고급화하고, 내부 층고도 높이고, 공용 공간 늘려서 개방감을 주면 경쟁 상가보다 더 좋게 해 공급해 경쟁우위를 유지할 수 있을지 생각해보자.

일반적 상가의 경우 법정 주차 대수는 120%를 넘지 않고, 층고도 3.5m 전후이고, 상가 내부 인테리어도 튀는 것보다 평균적 소재를 사용하고 과도한 조형물을 설치하지 않는다. 과도한 공용 공간 증가는 전용률이 낮아지고, 고급 마감재 사용으로 건축자재 비용 증가는 곧 공사비 상승과 직결된다. 공사비가 상승하면 분양가나 임대가가 고정될 경우 시행사 마진이나 상가 수익률은 감소하고, 마진을 유지한다면 분양가를 올려야 하는데 분양가 상승은 임대가가 상승해 실제 수요자인 임차인의 부담이 늘어난다. 결국 과도한 상가 분양가와 임대가로 인해서 공실이 늘어나고, 결국 경쟁 상가에 비해 경쟁력이 떨어진다.

또한, 너무 잘 지으려고 하다 보면 공사 중에 잦은 도면 수정과 마감재 변경으로 공사 기간이 늦어져서 예상 준공 기간은 늦어질 수밖에 없다. 상가를 너무 잘 지으려고 하다가 부딪치는 문제 중에서 대표적인 것이 비용 증가에 따른 분양가와 임대가 상승인데, 사실 이보다 더 심각한 문제는 상가가 완공 적기에 공급되지 않아서 발생하는 문제이다. 신규 상가가 공급되는 신도시나 택지지구의 경우 아파트 입주는 신학년에 시작되기 이전인 연말, 연초에 집중되거나 2학기가 시작되기 2~3개월 이전에 집중된다. 신도시, 택지지구의 진입하는 세대들 대다수가 아이들이 있는 가정으로 자녀들의 취학이 그만큼 중요하기 때문에 신학기 이전에 집중된다. 따라서 상가 공급도 이 시기에 집중되는데, 상가를 너무 잘 지으려고 하다가 완공 시기를 놓치면 예상했던 상가 MD 구성이 실현되기 어려울 수 있다. 즉, 신도시, 택지지구의 상가에서 가장 중요한 상가 MD는 저층부의 일상적인 생활 소비, 서비스 업종이 아니라 신학기 초에 학부모와 자녀에 의해서 결정되는 학원, 정기 검진이 이루어지는 메디컬 층이 입주하는 상가가 상권의 앵커스토어가 된다. 시행 중인 상가가 신학기 이전에 완공되지 않으면 상가의 집객력을 좌우하는 학원, 메디컬은 같은 상권에서 경쟁하는 다른 상가를 선택하게 된다.

따라서 상가는 너무 잘 지으려다 보면 비용 증가를 수반하고, 공사 완공시기를 놓칠 위험성이 커지고, 상권 활성화를 좌우하는 앵커스토어 진입을 어렵게 해 아무리 잘 지어진 상가라도 일등 상가가 될 수 없다. 잘 짓는 것보다 중요한 것은 적기에 완공해 공급할 때 상권 활성화를 좌우하는 MD 구성 계획에 따라서 안정적이고 유망한 업종이 진입할 수 있다. 무엇보다 상업용 건물은 제때 공급이 이루어져야 모두에게 이익이 된다.

MD 구성을 위한
프랜차이즈 이해

MD 구성에서 프랜차이즈의 중요성과 현황

상가 MD 구성 계획은 상가, 건물에 상권과 상가 환경에 맞게 어떤 업종을 유치할 것인지 세우는 기본 계획이다. 이 계획에 맞게 유치할 수 있는지 없는지에 따라서 MD 구성 계획의 성공이 좌우된다. 임차인 유치를 위한 상가 층별 MD 구성은 용도지역에 따라서 차이가 나지만 상가 상층부는 학원, 메디컬, 사무소 등으로 프랜차이즈 가맹 형태도 있지만 전문 영역이거나, 독립점 형태로 입점하는 게 일반적이다. 이에 비해서 저층부의 경우 자영업 비중이 높고, 그중에서 압도적인 비율이 프랜차이즈 가맹점 형태이다. 상층부 업종도 최근에는 프랜차이즈 브랜드가 증가하는 추세이다.

최근에는 상가, 건물의 MD 구성 계획에서 유망한 프랜차이즈 업체를 유치할 수 있는지 없는지에 따라서 승패가 좌우되는 경우가 많아서 상가 기획자들은 프랜차이즈에 대한 업종 정보를 알고 있어야 한다. 프랜차이즈에 대한 중요성은 산업통상자원부와 대한상공회의소가 공동 조사한 〈2021 프랜차이즈 실태조사〉 보고서에서도 잘 나타나고 있다.

① 프랜차이즈의 현황

〈2021 프랜차이즈 실태조사〉를 보면 2020년 기준 국내 프랜차이즈 가맹본부의 숫자는 5,062개이고, 가맹본부에서 운영하는 브랜드는 7,094개로 최근 5년 사이 매년 5.0% 이상 완만한 증가를 보이고 있다. 2020년 기준 프랜차이즈 매장 숫자는 전체 291,580개로 이 중 외식업이 48.7%, 서비스업이 28.1% 도소매업이 23.1%를 기록하고 있다. 이 중 가맹점 비율이 94.8%를 차지하고, 직영점은 5.2%에 불과하다.

업종 분류를 보면 공정거래위원회에서는 대분류 외식업의 경우 15개, 서비스업 22개, 도소매 7개의 중분류로 분류하지만, 이번 실태조사에서 업종별 비중과 시장 변화를 감안해 외식업 9개 업종, 서비스업 10개 업종, 도소매업 6개 업종으로 분류하고 있다. 다음은 〈2021 프랜차이즈 실태조사〉의 주요 내용을 정리한 것이다.

가맹본부 업체 숫자				(단위 : 개)
2016년	2017년	2018년	2019년	2020년
4,268	4,631	4,882	5,175	5,602

출처 : 공정거래위원회

브랜드 숫자				(단위 : 개)
2016년	2017년	2018년	2019년	2020년
5,273	5,741	6,052	6,353	7,094

출처 : 공정거래위원회

2020년 업종별 매장수 추정			(단위 : 개)
구분	**전체 매장수**	**분류**	
		가맹점수	**직영점수**
계	291,580(100.0%)	276,414(100%	15,166(100.0%)
외식업	142,021(48.7%)	135,576(49.0%)	6,445(42.5%)
서비스업	82,131(28.1%)	79,593(28.8%)	2,538(16.7%)
도소매업	67,428(23.1%)	61,245(22.2%)	6,183(40.8%)

출처 : 산업통상자원부, 2021 프랜차이즈 실태 조사

프랜차이즈 산업 업종 분류				
구분(대분류)	**세부 업종(중분류)**			
외식업 (9)	한식	피자, 햄버거	커피	치킨	주점
	제과, 제빵	외국식	분식	기타 외식업	
서비스업 (10)	자동차수리	의약품	안경	이미용	교육
	세탁	유아 관련	스포츠 관련	PC방, 오락	기타 서비스
도소매업 (6)	편의점	문구점	화장품	의류, 패션	농수산물, 식품
	기타 도소매업				

출처 : 산업통상자원부, 2021 프랜차이즈 실태 조사

앞서 언급했듯, 프랜차이즈 대부분의 업종은 상가의 2층 이하 저층부에 집중되지만, 교육, 스포츠 관련, pc방·오락, 의약품, 기타 서비스업 등은 3층 이상 상층부에 분포하고 있다.

프랜차이즈 가맹점의 상권 범위

프랜차이즈 사업은 가맹본사가 가맹점을 모집해 동일한 점포 콘셉

트로 개별 사업자들에게 사업을 할 수 있는 권리를 부여하는 것을 말한다. 가깝게 접하는 스타벅스처럼 가맹점이 아닌 100% 직영 체제로 운영되는 브랜드의 경우 본사의 운영 방침에 따라서 수요가 있는 곳은 500m 반경 내에 여러 개가 집중되는 사례를 보았을 것이다. 그러나 프랜차이즈 가맹점 형태의 사업 모델일 경우에는 프랜차이즈 본사와 가맹점 간에 배타적 상권 범위를 사전에 계약하지 않았다면 본사와 가맹점뿐만 아니라 가맹점과 가맹점 간의 분쟁으로 사업 진행이 어렵다. 이런 문제 때문에 프랜차이즈 본사는 예비 가맹점 사업자가 있다면 정보 공개서와 함께 상권 범위를 협의해 확정한 뒤 계약하게 된다. 상가 시행사나 MD 구성 실무자들은 상가에 유치할 업종, 브랜드의 상당수가 프랜차이즈이므로 가맹점의 상권 범위를 어떻게 결정하는가를 이해해야만 효과적으로 프랜차이즈 가맹점을 유치할 수 있다. 다음은 국내 프랜차이즈 업체들이 가맹점 영업 구역을 정할 때 일반적으로 사용하는 상권 범위이다.

① 구체적 범위를 정보공개서에 공개하지 않고 "예비 가맹점과의 계약 시 협의해 결정한다" 정도로 밝히고 있는 경우가 가장 많다. 이는 공개하지 않더라도 예비 가맹점 사업자와 계약 시 영업 구역을 반드시 정하고, 추정 예상 매출액을 예비 가맹점주에게 제시한다.

② 인접 가맹점 간 거리 기준(최단 도보, 직선거리)으로 출점한다(편의점은 250m, 일반적 업종 500m가 많다). 주로 딜리버리 중심이 아닌 점포형 업종에서 사용한다.

③ 행정구역을 기준으로 하는데, 도시지역은 행정동, 지방은 시, 군 단위로 정하는 경우가 많다. 대단지 아파트가 많아져 아파트 단지의 경우 세대수를 기준으로 하는 업체도 많다(대단지 아파트 지역).

④ 반경 0M – 경계의 모호함으로 사용업체는 많지 않다.

⑤ 가맹점 상권 범위를 본사와 가맹점주가 협의해서 결정하지만 다음의 경우 상권 범위를 예외로 인정하거나 재조정한다.

>> 대형 상업용 건축물, 병원, 공원 등 특수 상권에 입점하는 경우

>> 8차선대로, 하천, 철도가 지나가는 경우

>> 대규모 아파트 단지 내 상가(업종에 따른 차등이 있지만 최저 기준은 편의점으로 1,000세대를 기준으로 한다)

>> 재건축, 재개발, 신도시 건설 등 대규모 개발로 상권 변동이 있는 경우

>> 해당 상권의 거주 및 유동인구의 급격한 변화가 있는 경우

>> 소비자의 기호 변화로 인한 상권 변화

⑥ 상권 환경이 급변하면서 프랜차이즈 본사에서 상권 범위 예외 조항이 많아지고 있는데, 계약하는 가맹점 입장에서는 상권 예외 조항이 많을수록 상권 범위 즉, 영업 구역 범위가 불리해질 수 있기 때문에 계약 시 적극적인 어필이 필요하다. 다만, 프랜차이즈를 관리·감독하고 있는 공정거래위원회에서도 가맹점에 불리한 상권 범위의 예외 조항 기준은 적극적으로 보호하려는 추세이므로 불리할 경우 가맹본사와 적극적인 협의가 필요하다.

프랜차이즈 가맹점 유치에서 필요한 정보

① 행정구역과 상권 범위의 이해

상가의 저층부에 입점하는 업종 중에서 가장 큰 비중을 차지하는 것은 F&B(식음료)와 주점 등 음식업과 생활과 밀접한 소매점이다. 또한, 저층부 업종의 많은 부분은 프랜차이즈 브랜드이고, 상가에서 집객력을 높이는 데도 개인 점포보다 프랜차이즈 업종을 상가에서 선호한다. 앞에서 프랜차이즈의 상권 범위에 관해 설명했는데, 편의점과 동일 브랜드 사이가 불과 250m 거리라면 상권 범위를 그리기보다 거리만 따져보면 된다. 그렇지 않고 대부분 점포형에서 영업하는 업종들의 상권 범위는 앞에서 여러 조건을 이야기했지만, 인구수와 행정구역을 기본으로 하는 경우가 대부분이다. 즉, 도시지역일 경우 행정동을 기준으로 하고, 군 단위 지역인 경우 군 단위 전체를 상권 범위로 하는 경우가 대부분이다. 다만, 이 경우에도 프랜차이즈 업체에서 정한 인구수와 세대수 조건을 넘어선다면 같은 행정동 내에서도 2개 이상의 같은 프랜차이즈가 진입할 수 있다.

이런 점 때문에 상가 기획자라면 우리 지방 행정 체계에 대한 좀 더 깊은 이해가 필요하다. 우리나라의 지방행정 체계는 일부 도시의 행정구역 간 경계가 불분명한 곳도 있지만, 국민들의 생활편의를 기준으로 지방행정 체계를 개편해왔다. 2019년 12월 31일 기준으로 우리 행정 체계 중 말단 행정조직은 3,491개(행정동 2,079개, 읍 230개, 면 1,182개)로 구성되고 있다.

행정동의 경우 차이는 있지만 수도권을 기준으로 보면 주거지를 배후로 하는 행정동의 인구 규모는 2~3만 명으로 구성되는 곳이 많다.

이에 비해서 읍 단위는 수도권 인근이나, 일부 지역의 경우 1만 명을 넘어가지만, 지방의 경우 기초 지방자치단체 군청이 소재한 지역 외의 읍 단위는 1만 명이 채 되지 않는 곳이 대부분이다.

따라서 실제 전체 군의 인구가 3만 명 전후인 곳도 넓이는 서울의 넓이보다 넓은 곳도 있고, 군청이 있는 읍 지역까지 접근하는 데 수km, 10km 이상인 곳도 많다.

또한 지방의 경우 이런 면적보다 소비력이 취약한 60대 이상 층이 이미 50%를 넘어선 지역이 대부분이라서 상대적으로 젊은층이 거주하는 읍 단위 지역 외에는 프랜차이즈 개설이 어려운 경우가 대부분이다. 따라서 지방 면의 경우 상권 형성이 실질적으로 불가능해 시 단위의 경우 도심 행정동과 군 단위는 군청이 소재한 행정읍 상권을 이용하는 비율이 높다는 판단인데, 국내 행정동과 행정읍 합계는 2,309개이다.

여기에 대도시에서 지형, 지물, 대형 건물에 의한 상권 범위 예외를 감안하면 실질적으로 가능한 국내 상권은 3,000개 초중반이 국내 로컬 상권의 최대치로 판단된다. 국내에서 잘나간다는 대부분 F&B 브랜드들이 3,000개를 넘지 못하는 것도 이와 같은 상권 범위 한계가 원인이다.

도시지역의 경우에는 대형 상업용 건축물이 증가하면서 행정구역을 기본으로 상권 범위를 정했다 하더라도 건물이 일정 면적과 규모를 넘어섰을 때 상권 범위 예외 조항으로 별도 상권으로 볼 수 있다고 언급했다. 그러나, 가맹점과 가맹본사 간 상권 범위에 대한 분쟁이 심심치 않게 일어나다 보니 가맹본사에서도 상권의 집객이 큰 상가일 경우 가맹점을 유치하기를 희망하지만 분쟁을 우려해서 기피하는 경우가 있다. 이때 가맹본사는 분쟁을 피하기 위해서 가능하면 인접 가맹점으로 하여금 우선권을 주고 복수 점포 운영에 대한 의사를 타진하는 게 수순이다. 따라서, 상가시행사나, 매수자의 경우 유치 희망 프랜차이즈가 있다면 해당 프랜차이즈 본사의 점포 개설 담당자에게 상가 프로모션 자료를 보내서 의사를 타진하면 된다. 만약 별도 상권 조건이 충족될 경우 인접 가맹점주에게 복수 점포 운영 타진을 알릴 것이고 만약 상가의 조건이 별도 상권 조건을 충족하지 못할 경우 인접 가맹점이 매출 부진 점포라면 가맹점 본사로서는 이전을 권유하기도 한다. 모든 가능성을 열어놓고 일을 추진해야 한다.

② 프랜차이즈 정보를 확인하는 방법

프랜차이즈에 대한 정보는 가맹점을 원하는 사람들이 그 업체가 얼마나 많은 이익을 얻을 수 있고, 안정적이면서 믿을 만한지를 판단하기 위해서 필요하다. 상가 시행 분양사나, 상가 매수자는 어떤 프랜차이즈 업체를 유치했을 때 상가 활성화나 안정적인 임대 수익, 상가 분양이 쉬울 것인지 판단하기 위해서라도 프랜차이즈에 대한 정보가 필요하다.

프랜차이즈 업체에 대한 정보는 관리감독을 책임지고 있는 공정거래위원회에 매년 1회 바뀐 정보를 등록하도록 하고 있다(미등록 업체의 경우 전체 점포가 직영점으로 운영되거나, 조건 충족이 되지 않아서 등록하지 않았다고 보면 된다). 정보 확인은 공정거래위원회 가맹사업거래 홈페이지(https://franchise.ftc.go.kr/index.do)에서 정보공개서 < 정보공개열람을 통해 업체를 검색하면 확인이 가능하다.

출처 : 공정거래위원회 가맹사업거래 홈페이지

공정거래위원회 정보공개서를 통해서 확인할 수 있는 사항을 정리하면 다음과 같다.

≫ 가맹본부 일반 현황 : 가맹사업자의 대표자, 가맹본사주소, 업자등록일과 공정거래위원회에 가맹사업자로 등록한 일자를 확인할 수 있다.

≫ 가맹본부 재무 상황 : 가맹본부의 재무적 안정성을 확인할 수 있는 항목으로 최근 3개년 재무적 흐름 즉 자산, 부채, 자본, 매출액, 영업이익, 당기순이익을 확인할 수 있다. 단, 이 항목은 가맹점의 재무적 상황이 아니라 가맹본부의 재무적 상황임을 이해해야 한다.

≫ 가맹점 및 직영점 현황 : 광역시도별로 최근 3개년의 가맹사업 현황을 확인할 수 있는데 가맹점 · 직영점별 숫자와 점포가 어떻게 증감하

고 있는지 확인할 수 있다(인접 지역에 점포가 없다면 업체의 물류가 원활할지에 대한 검토가 필요하다).

≫ 가맹점 변동 현황 : 최근 3개년의 신규 개점, 계약 종료, 계약 해지, 명의 변경을 확인할 수 있는데, 이 중 신규 개점의 증가와 계약 해지 현황을 비교함으로써 가맹점의 안정성을 확인할 수 있다.

≫ 가맹점사업자의 평균 매출액 및 면적(3.3㎡)당 매출액 : 가맹점의 평균 매출액과 면적당 매출액을 확인할 수 있다.

≫ 가맹점 개설을 위한 비용 : 가맹점 가입을 위한 제반 비용과 가맹을 하려는 점포의 상권, 입지 조건을 명시하고 있기 때문에 상가의 기준 면적과 비용이 어느 정도 필요한지 추산할 수 있다.

≫ 정보공개서 보기 : 공정거래위원회에 등록된 가맹 사업자는 매년 1회 정보공개서에 변동이 있을 경우 수정한 내용을 등록해야 한다. 앞의 정보를 포함한 가맹본부에 대한 전반적인 정보가 포함되어 있어서 상가에 유치를 희망하는 업체가 있을 경우 정보공개서를 미리 숙지하고 있을 필요가 있다.

③ 프랜차이즈 개설 시 눈에 보이지 않는 규제에 대한 이해

>> 2021년 파리바게뜨 점포수 3,429개

>> 2022년 뚜레쥬르 점포수 1,311개

우리나라의 대표 제과 브랜드 두 곳이 최근 국내에서 운영하는 점포 숫자이다. 앞서서 우리 상권은 주거지 행정구역을 기반으로 할 때 대략 3,000개 전후라고 언급했다. 어찌 보면 생활형 소비재인 제과의 경우 3,429개 점포라면 파리바게뜨의 경우 포화 상태라고 볼 수 있지만, 2개 업체 모두 과거 몇 년간 점포 숫자는 증감 없이 이 수준에 머물고 있다.

그동안 도심에 많은 대형 상업용 건물이 생겨나고, 1개 건물마다 수천 명이 상주하는 상황이라면 두 업체의 능력이라면 추가적인 점포 개설은 충분히 가능했을 것이다. 이렇게 된 것은 2013년 동반성장위원회에서 지정한 동네 빵집 중소기업 적합 업종에 지정되면서, 대기업 빵집의 신규 점포 개설이 어려워졌기 때문이다. 2019년 중소기업 적합 업종에서 동네 빵집이 제외되었지만, 상생 협약이라는 이름으로 대기업 제과점의 신규 점포 개설 시 여전히 협의 후 진출이 가능하므로 실질적인 규제를 받고 있다. 업종 선택을 해 출점 가능 여부를 판단할 때 이런 눈에 보이지 않는 부분도 판단이 필요한데, 유치를 희망하는 프랜차이즈가 있다면 관련 업체에 직접 문의해보는 것이 확실한 방법이다. 규제 해제와 지정은 시점에 따라서 달라지므로 프랜차이즈 본사에 확인하는 게 가장 확실하다.

MD 구성의 카테고리와
업종 이해

이번 장에서는 상가 MD 구성 실행을 위한 업종별 카테고리와 그에 따른 하위 업종과 해당 업종에서 대표적인 프랜차이즈 브랜드는 어떤 것이 있는지 살펴보기로 한다. 상가 MD 구성 기획자들은 각각 MD 카테고리와 업종에 따른 프랜차이즈 브랜드 정보를 통해서 각각의 조닝별 어떤 업종 카테고리와 적합한 브랜드를 찾을지에 대한 작업으로 이해하면 좋을 것이다.

상가 조닝별 MD 구성에서 대분류인 카테고리 구성과 업종, 다음으로 실제 입점하는 세부 업종과 브랜드에 대한 소개를 순서별로 하려고 한다. MD 구성에서 카테고리 분류의 최근 추세는 세분화하기보다 소비자의 라이프스타일 행동에 따라서 통합해 분류하는 추세이다. 이 장에서는 라이프스타일 행동에 따른 분류와 함께 상가에 유치하는 업종, 브랜드의 다수가 프랜차이즈 업체라는 점을 참고해 일반적으로 프랜차이즈 분류를 할 때 사용하는 상품과 메뉴에 따라 구분했다. 이 분류 방법은 뒤에서 살펴볼 상가 MD 구성 사례에서 나타나는 소비자 라이프스타일 행동에 따른 분류와 차이가 있다는 점을 미리 밝힌다.

소개되는 브랜드와 업종은 각각 조닝에 배치했을 때 어느 정도의 면적을 차지하고, 프랜차이즈의 경우 가맹점이 부담할 비용이 얼마인지 추산함으로써 유치 전략을 수립하는 데 도움을 주려고 했다.

참고로 이 장에서 소개되는 프랜차이즈 브랜드 자료의 출처는 공정거래위원회 가맹사업거래(https://franchise.ftc.go.kr)정보공개서와 창업플랫폼 마이프차(https://myfranchise.kr)이다. 브랜드의 개수와 가맹사업자 부담금은 최종 표기된 연도 및 날짜를 기준으로 했고, 창업비용은 조건에 따라 달라질수 있으므로 이곳 자료는 참고사항으로만 활용하고 반드시 해당 가맹본사에 직접 문의하는 것이 좋겠다.

키 테넌트

키 테넌트(Key Tenant)는 집객력을 높여서 상가 활성화에 직접적 영향을 미치는 점포를 말한다. 하나의 상가, 건물에서 키 테넌트는 한 개일 수도 있지만 대형 상업용 건축물이 증가하면서 여러 개의 키 테넌트를 동시에 유치하는 상가, 건물이 증가하고 있다. 특정 업종을 가리지 않고 집객력이 얼마나 크고, 상가에 진입하는 다른 업종의 집객과 매출에 영향을 미치는지에 따라서 키 테넌트로 분류할 수 있다.

키 테넌트의 조건

상가에서 키 테넌트 조건을 갖추기 위한 업종과 브랜드는 다음의 조건을 갖추고 있어야 한다.

- **인지도** : 이름만 들어도 알 수 있는 업종과 브랜드일 것
- **반복 구매** : 일상적이고 반복적인 구매를 하는 업종, 브랜드
- **충분한 면적** : 소비자를 매장에 집객시키기 위해서는 충분한 면적을 가지고 있어야 한다.
- **장시간 소비** : 매장에서 체류하면서 장시간 소비를 하는 브랜드
- **업종 연계성** : 유치 시 상가와 쇼핑몰의 입점 업종과 연계성으로 매출 증대 효과를 기대할 수 있어야 한다.
- **강한 시대성** : 유행 업종으로 인식할 수 있지만 해당 시대를 대표하는 시대성을 가지고 있어야 한다. 따라서 상가의 키 테넌트는 상권이 변하면서 끊임없이 변해왔다는 것을 인식할 필요가 있다.

과거 상가의 키 테넌트

앞에서 키 테넌트의 업종은 강한 시대성을 가지고 있어야 한다고 이야기했다. 그만큼 키 테넌트는 상권과 상가의 콘셉트가 변하는 것 못지 않게 시대에 적응하면서 변해왔다. 과거 상가를 대표하는 키 테넌트에 진입하는 업종을 보면 그 시대에 상권과 상가에 어떤 작용을 했는지 살펴볼 수 있고 키 테넌트를 이해하는 데 도움이 된다.

① 나이트클럽

서울올림픽 이후 IMF 이전까지 우리 경제가 장기 호황을 맞으면서 유흥업종도 최전성기를 맞았다. 이 시기 상권을 대표하는 건물의 상층부나 지하층은 나이트클럽이 자리하고 있었다. 도시의 대표 상권에서

가장 큰 중심 상가, 건물에 나이트클럽이 입점했다. 나이트클럽이 입점한 상가, 건물에는 음식점 - 호프집 - 마사지, 안마 - 당구장-노래방-호텔, 모텔까지 일체화된 건물도 있었다. 이후, 정부의 규제와 단속, 유흥문화가 감소하면서 더 이상 나이트클럽은 키 테넌트로서 역할을 할 수 없어지면서 용도변경을 통해서 새로운 업종으로 변화하게 되었다.

② 찜질방, 사우나

찜질방, 사우나가 호황이던 시대는 2000년대 넘어오면서 주거지 상권과 중심 상권에서 가장 큰 상가의 지하층과 상층부에 찜질방, 사우나가 진입했다. IMF 이후 가족과 지인들이 저렴하게 즐길 수 있는 여가 공간으로 활용되어 주민들과 상업지역의 집객력에 영향을 미쳤다. 이 영향으로 찜질방, 사우나가 입점한 상가는 상권의 중심상가로 주거지 상권에서는 슈퍼마켓, 메디컬, 학원과 음식점이 집중되었다. 중심 상권의 경우 가장 큰 상업용 건물로 상권의 랜드마크 상가에 찜질방, 사우나가 입점하면서 지역의 핵심 상가 역할을 했다. 그러나 IMF의 영향이 줄어들고 여가 문화가 다양해지면서 대형 찜질방, 사우나가 문을 닫았고, 키 테넌트 역할을 하던 찜질방, 사우나가 오히려 상가를 슬럼화시키는 애물단지가 되었다.

③ 한식뷔페

2013년경 대기업들이 외식 시장에 뛰어들면서 전략적으로 선택했던 분야가 한식뷔페였다. 한식뷔페의 가장 큰 매력은 저렴한 가격에 다양한 메뉴를 맛볼 수 있다는 것으로 2016년경 한식뷔페가 정점이었을 때 대기시간만 한 시간 이상이었던 적도 있었다. 한식뷔페가 키 테넌트로서 가장 큰 장점은 가족, 모임을 겨냥해서 한 시간 이상의 대기시간에도 불구하고 집객된 고객들은 상가 전체로 확산해 여성 및 키즈 의류, 디저트, 커피 카페 등 상가 내 동선이 연결되는 점포들에게 긍정적 영향을 미쳤다는 것이다.

이 시기 상가 키 테넌트의 최고는 한식뷔페였다. 그러나 2017년을 지나면서 한식뷔페는 운영하는 대기업들로서도 높은 임대료와 인건비, 원재료비에 비해서 낮은 테이블 회전율로 수지타산을 맞추기 어렵다는 것을 알게 되었다. 또한 고객들도 모임보다 혼밥족들이 본격적으로 등장하면서 외식업의 소비 트렌드가 바뀌면서 점차 문을 닫는 매장이 증가했고, 더 이상 상가의 키 테넌트가 아니라 애물단지가 되었다.

④ 은행은?

은행이 키 테넌트로서 상권에서 가장 큰 장점은 기시성과 접근성이 좋은 입지에 위치해 지역 주민들의 인지도가 뛰어나다는 것이다. 은행은 마감 이후 객장이 문을 닫아서 상가가 오히려 침체할 수 있다고 판단하기 쉽지만, 일부 업종은 위치적 인지도와 안전성으로 오히려 은행 입점 상가에 진입하려는 업종들이 있다. 대표적 업종으로 메디컬과 학원으로 메디컬의 경우 지역 주민 인지도가 뛰어난 상가는 경쟁력 있는 입지라고 판단할 수 있으며, 학원의 경우 은행 상가라도 보안이 훌륭하다는 판단으로 학부모들의 은행 상가에 대한 신뢰성이 높을 수 있다. 다만, 2015년 이후 끊임없는 구조조정으로 폐점하는 점포가 늘면서 폐점 시 대체 업종을 찾기 쉽지 않아서 상가 전체가 침체되는 경우가 있다. 이런 사례를 보면 전략 점포인 키 테넌트도 모두 완전하고 영원한 것은 없다는 점을 인식할 필요가 있다.

키 테넌트에는 어떤 업종,
브랜드가 있을까?

상권과 상가에 따라서 SPA브랜드, 카페, 패스트푸드, 메디컬, 유명 프랜차이즈 음식점, 대형 학원 등 다양한 업종과 업태로 나타나기 때문에 키 테넌트에 속하면서, 해당 업종 카테고리로 중복으로 분류된다. 따라서 업종별 카테고리와 중복으로 설명될 수 있다는 점을 이해하면서 키 테넌트 카테고리에는 어떤 업종이 있는지 이해할 필요가 있다. 이 장에서는 2층 이내에 진입하는 주요 키 테넌트에서 대해서만 설명하고 상층부 업종은 뒤의 세부 업종 카테고리에서 설명하기로 한다.

SPA브랜드

기획, 제조, 판매를 하나의 회사에서 담당하는 브랜드를 말한다. 빠르게 유행에 적응하기 때문에 기획에서 제조, 판매까지 기간이 짧아서 상품 회전율이 높아 '패스트 패션(Fast Fashion)'이라고 부르기도 한다. 하나의 회사에서 모든 과정을 담당하기 때문에 소품종 대량생산, 다품종 소량생산 등 여러 가지 전략이 가능하다.

업체명	본사 국가	점포수	기업명	비고
유니클로	일본	126개 (2022년 12월 기준)	에프알엘코리아	일본 상품 불매로 어려움을 겪었지만 회복 중
H&M	스웨덴	37개 (2022년 기준)	에이치앤엠헤네스 앤 모리스	북유럽 스타일의 SPA패션 브랜드
SPAO	한국	130개 추정 (2022년 기준)	이랜드	국내에서 가장 오래된 SPA브랜드
TOP10	한국	550개 (2022년 3월 기준)	신성통상	오프라인 로드숍 위주 출점
에잇세컨즈	한국	64개 (2022년 10월 기준)	삼성물산	코로나19 이후 점포 확대 중

출처 : 저자 작성(일부 자료에 오차 있을 수 있음)

대표적 글로벌 브랜드로 국내에 진출한 업체로는 유니클로(일본), 자라(스페인), H&M(스웨덴)이 있고, 국내 브랜드로는 SPAO(이랜드), TOP10(신성통상), 에잇세컨즈(삼성물산) 등이 있다.

SPA브랜드는 가맹 형태가 아닌 본사 직영 형태로 운영되며 점포당 면적은 전용 $330m^2$ 이상이 대부분이다. 상권 입지는 백화점, 쇼핑몰, 아울렛 등과 지역의 대표적인 스트리트형 상가나 주상복합상가와 같은 특수 상권을 선호하고, 단독 상가 전체를 사용하는 사례도 나타난다. SPA브랜드의 상권과 상가에서의 영향력은 강한 집객력을 발휘하고, 상가 내 체류 시간을 증가시켜서 상가에 진입한 다른 업종의 연관적인 매출에 긍정적 영향을 미치기 때문에 대형 상업용 건물일수록 MD 계획을 수립할 때 SPA브랜드는 유치 우선순위 업종이다.

카페(커피)

저층부 집객 효과가 큰 업종 중 하나는 점포 내 체류 시간이 길고, 다양한 방문객이 찾는 대기업 브랜드의 커피를 포함한 카페이다. 대표적 브랜드로는 스타벅스, 엔제리너스, 탐앤탐스, 투썸플레이스, 할리스커피 등이 있고, 이들 커피 브랜드의 카페형 권장 면적은 $230 m^2$(전용 70평) 이상이다(권장 기본 면적은 브랜드에 따라서 차이가 날 수 있다).

카페 브랜드 중에서 스타벅스는 동일한 규모의 다른 카페 브랜드에 비해서 브랜드 인지도가 가장 높고, 건물주들도 입점을 희망하는 브랜드이다. 이것은 집객효과가 다른 브랜드보다 크고, 월세 안정성이 높기 때문에 상가 활성화에도 유리하다고 판단해서이다. 이런 효과로 인해서 한때는 스타벅스를 유치할 경우 건물 이름을 아예 스타벅스 빌딩으로 붙이는 사례도 있었다. 이것은 같은 상가에 스타벅스를 유치할 때 때 나머지 구분상가 분양과 임대가 그만큼 용이하기 때문이다.

다만, 자신이 투자한 상가에 스타벅스가 입점했다고 해서 다른 브랜드가 입점할 때보다 높은 수익률을 보장받는 것은 아니다. 어떤 조건으로 스타벅스와 계약이 이루어졌는지가 좌우하기 때문이다. 스타벅스의 임대인과의 계약 형태는 대기업 카페(커피), 패스트푸드의 공통적인 계약 형태로 정액 보증금+정률제(수수료) 형태와 정액 보증금+정액 임대료 두 가지 방식으로 계약이 이루어진다. 장기적으로 효과가 큰 신도시나 개발이 진행 중인 지역의 점포와 계약할 때 일반적인 계약 기간보다 길게 계약해서 안정성을 유지하려고 한다. 이때 건물주(토지주)로서는 개발이 완료되어 활성화되기 전까지는 매출이 낮아서 매출액에 따라서 약정한 변동 수수료로 계약할 경우 주변의 정액 임대료를 받는 다른 브랜드보다 낮은 임대 수익률을 기록하게 되기 때문에 손해를 볼 수 있다.

2023년 3월 9일 기준으로 스타벅스 매장은 전국에 1,778개 매장이 있는데 수도권은 더 이상 도심 로드형 점포를 출점하지 않고 드라이브 스루에 집중하고 있다. 역시 시장 상황에 따라서 스타벅스의 점포 전략도 끊임없이 바뀔 가능성이 높기 때문에 임대인들도 시기에 맞는 임대 전략을 갖출 필요가 있다.

베이커리(제과, 제빵), 패스트푸드

제과, 제빵의 프랜차이즈로는 파리바게뜨, 뚜레쥬르가 있고, 로컬의 제과, 제빵의 장인들이 운영하는 브랜드가 많은 도시에 분포해 있다. 제과, 제빵은 우리 생활에서 상시 주식이 된 지 오래로 제과, 제빵 브랜드가 입점한 상가들은 로컬 상권에서 랜드마크를 형성하는 경우가 많다. 참고로 파리바게뜨는 2021년 기준 전국에 3,429개 점포가 있고, 뚜레쥬르는 1,298개로 지역 상권, 상가에 영향력이 큰 브랜드이다.

베이커리 카페는 코로나19와 함께 교외와 도심에 집중 개점한 유형이다. 넓고 쾌적한 공간이라는 장점이 있으나, 대기업 직영브랜드가 아니라면 제과, 제빵업의 속성상 로스율이 높아서 상권의 확실한 키 테넌트가 되기에는 임대료를 포함한 고정비 부담이 커서 운영에 한계가 있다.

국내 집객력을 갖춘 대표적 패스트푸드 브랜드는 맥도날드, 버거킹,
KFC, 롯데리아, 맘스터치가 있지만 점차적으로 샌드위치, 샐러드 등
자연식으로 다양해지고 있어서 패스트푸드 브랜드가 과거만큼 상권 영
향력과 집객력을 보여주지는 못하고 있다. 기타 베이커리 카페 중에는
특수 상권에 주로 입점하는 폴바셋이 있다(매일유업의 자회사).

주요 카페, 패스트푸드의 프랜차이즈 브랜드				
브랜드명	분류	점포수 (개, 최근 기준)	기준 면적(㎡), 매장 유형	가맹사업자부담금 (정보공개서 기준)
스타벅스	커피, 카페	1,778 (2023년 3월)	드라이브스루, 리저브, 커뮤니티 매장 (홈페이지 참조)	직영체제
엔제리너스	커피, 카페	449 (2021년)	264	3억 1,017만 원
투썸플레이스	커피, 카페	1,462 (2021년)	149	2억 9,920만 원
탐앤탐스	커피, 카페	245 (2023년 2월)	99	1억 9,010만 원
할리스	커피, 카페	556 (2021년)	165	2억 5,600만 원
버거킹	버거	475 (2023년 5월)	198	5억 4,253만 원
KFC	버거, 치킨	189 (2023년 5월)	198	4억 1,790만 원
롯데리아	버거	1,326 (2021년)	264	5억 3,821만 원

출처 : 공정거래위원회 가맹사업거래 및 마이프차 홈페이지(일부 자료 오차 및 착오가 있을 수 있음)

생활용품 할인점, 헬스&뷰티 전문점의 전략 점포로서의 경쟁력

지역 및 거점 상권을 막론하고 주민 생활에 필요한 생활용품 할인점과 젊은층에 인기가 있는 헬스&뷰티 전문점은 강한 집객력으로 상권과 상가에 영향을 미친다. 그중에서 생활용품 할인점의 대표인 다이소와 헬스&뷰티 전문점인 올리브영은 독보적인 브랜드 경쟁력을 갖추고 있다.

업체명	점포수	기준 면적	비고
다이소	1,383개 (2022년 5월 8일 기준)	330㎡ 이상	가맹, 직영이 함께 운영되지만 직영의 비중이 높음. 생활용품 중심
올리브영	1,160개 (2023년 5월 31일 기준)	109㎡	헬스&뷰티 전문점, 직영 중심 운영, 대부분 점포는 230㎡

출처 : 저자 작성(일부 자료에 오차 있을 수 있음)

다이소의 점포 숫자는 1,383개(2022년 5월 8일 기준)에 이르고, 헬스&뷰티 전문점의 대표 브랜드 올리브영은 1,160개(2023년 5월 31일 기준) 점포가 영업 중이다. 다이소의 경쟁력은 상품 구성이 생활에 필요한 저렴한 소비재가 많아서 남녀노소를 막론하고 고객의 폭이 넓고, 특히 가정에서 경제활동을 주도하는 주부층의 이용률이 높다는 것이다. 입점한 상권 분포를 보면 전국 지역 및 거점, 역세권, 전통 시장을 막론하고 집객력이 큰 상권에 진출해 영업 중인데, 기준 점포 면적은 330㎡ 이상이지만 지역에 따라서 주차장까지 갖춘 연면적 1,000㎡ 이상의 단독 중대형 점포로 도시 전체 주민들을 집객시키는 랜드마크 역할을 하는 경우도 있다.

광역시급 이상 대도시 지역은 상가의 1층뿐만 아니라 지하층이나

2층을 연결하는 점포 구성도 증가하고 있는데, 이런 점포 구성은 상품 품목수가 많아져서 점포 규모가 대형화되면서 1층의 높은 임대료가 원인이다. 상가 시행사 입장에서 상가에 다이소를 유치하는 것의 가장 큰 장점은 주간 집객력이 큰 생활용품 할인점이 저층부에 입점함으로써 상층부 분양과 임대가 용이해진 것이다.

다음 올리브영은 헬스와 뷰티 관련 상품에 특화되어 10대 후반~30 대까지 젊은층 그중에서 여성층 이용객이 많은 브랜드이다. 소비력이 크거나 배후세대가 충분한 동네(지역) 상권에 출점하고, 무엇보다 지역의 이름난 거점 상권이라면 대부분 출점해 있다. 특히 올리브영은 가맹점 형태가 아닌 직영점 체제가 사업모델로 본사 점포개발팀의 상권과 상가를 보는 안목은 국내 최고라고 할 수 있다.

올리브영의 업체에서 공개하는 기준 점포 면적은 $109\,m^2$이지만 대부분 점포는 1층 $230\,m^2$ 이상으로 대형 주상복합시설이나 쇼핑몰, 아울렛, 복합 상가의 비중이 높다. 올리브영은 주로 상권 내 가시성과 접근성이 가장 좋은 도로에 접하는 중심부 구분상가에 입점한다. 올리브영이 입점할 경우 1층에 대한 집객력뿐만 아니라 상층부 다중이용시설 중에서 브랜드력이 뛰어난 프랜차이즈나 미용실, 메디컬, 학원 등이 입점 빈도가 높은 경우도 있다. 이것은 올리브영이 진입하는 상권, 상가라면 충분한 잠재 배후세대를 갖추고 있다는 의미이며, 선 임대이든 완공 이후 진입이든 집객력이 커져서 상가 시행사나 진입하는 다른 업종에도 영향을 미친다는 것을 의미한다. 올리브영이 입점한 상가에 스타벅스가 동시에 입점한 사례가 많은데, 이것은 젊은층이 집객되어 두 개 업종에 모두 상승효과를 일으키기 때문이다.

기타

상가의 키 테넌트 역할을 하는 업종은 1, 2층의 라이프스타일, 금융, 상층부의 학원, 메디컬 등 다양하게 나타난다. 앞 장에서 언급했듯이 키 테넌트는 업종과 브랜드에 따라서 수명주기가 점점 짧아지는 추세이기 때문에 건물주들은 어떤 키 테넌트를 유치할 것인지에 대해서 상권과 상가의 추세 변화에 관심을 기울여야 한다. MD 구성에서 키 테넌트 전략을 가장 잘 구사하는 것은 대형 쇼핑몰로 쇼핑 공간의 가치와 집객력을 높이는 업종을 층별로 유치하는 게 일반적이다.

그만큼 키 테넌트로 어떤 업종을 유치하는지에 따라서 상가의 운명이 달라질 수 있기 때문에 임대인뿐만 아니라 임차인도 다양한 상가의 사례를 참고해 전략을 수립하고 잘못되었다면 수정할 필요가 있다.

키 테넌트의 미래는?

상가나 쇼핑몰에서 집객이 시작되거나 집중되는 곳에 키 테넌트 설치는 상가 및 쇼핑몰 활성화에 꼭 필요하다. 그러나 키 테넌트라고 영원하지 않고, 키 테넌트 역할을 했던 업종이나 브랜드가 계속 유지될 수는 없다. 그것은 국내 상권 환경과 시대 트렌드가 너무 빨리 변화하고 있기 때문이며 그 대표적인 이유는 다음과 같다.

① 소비 트렌드의 변화
쿠팡과 같은 문 앞 배송업체와 개인 대 개인 거래 활성화와 비대면

쇼핑의 일상화로 대면 오프라인 매장의 이용이 지속적으로 감소하고 있다. 이런 추세는 먹거리에서 생활용품 패션 등 전체 업종으로 확산되고 있다. 결국 소비의 변화는 상권의 변화를 수반할 수밖에 없기 때문이다.

② 높은 임대료

키 테넌트는 상가나 쇼핑몰에서 핵심 입지에 입점해 가장 비싼 임대료를 지불하는 곳이다. 따라서 높은 임대료를 지불한다면 그만큼 효과를 봐야 하지만 기대 효과에 미치지 못한다면 키 테넌트에 진입할 이유가 없어지기 때문이다.

③ 대형 면적의 불필요

키 테넌트 역할을 하기 위해서는 고객을 집객시킬 정도의 대형 면적이어야 하고, 집객시킨 고객은 오래 머물러야 하지만 그에 따른 인건비와 관리의 비효율성이 커졌다.

④ 기업의 점포 전략 수정

≫ 브랜드 : 플래그숍의 가장 필요한 기능은 홍보와 주요 상권에 출점함으로써 브랜드 이미지 제고의 기능이지만 기업에서 더 이상 플래그숍 기능을 신뢰하지 않아서 생기는 문제가 가장 크다.

≫ 상가, 쇼핑몰의 부담 : 분양과 임대, 상권 활성화를 위해 키 테넌트 역할을 할 만한 브랜드와 업종을 유치하기 위해서 파격적인 조건을 제시하지만 과거와 같은 집객 효과가 크지 않다.

⑤ 반복적인 팬데믹 상황

팬데믹 상황에서 모든 이동 수단과 집객 소매점의 이용률은 30% 이상 감소했다고 한다. 결국 이동의 감소로 인해 키 테넌트 효과를 기대하기 어렵게 되면 상가, 쇼핑몰에서는 애써서 유치하려고 하지 않는다. 코로나19로 인한 팬데믹 상황은 끝났지만 앞으로 반복적인 팬데믹 상황에 직면해 상권과 상가를 변화시킬수 있다는 위험 부담이 있다.

생활편의 소매점
(Lifestyle Retail)

생활과 밀접한 일상 편의품을 판매하는 생활편의 소매점 카테고리로 구분했다. 대표적인 업종으로 편의점, 슈퍼마켓, 문구점, 이동통신 판매점이 해당된다. 상품의 특색은 1차 식품, 일상생활용품, 생활편의 공산품 비중이 높다.

편의점

>> **점포 면적** : 권장 면적 $50\,m^2$ 이상으로 상권에 따라서 $33\,m^2$ 전후도 가능하다.

>> **업종 현황** : 소점포 업종 중에서 본사에 의한 상권 분석이 가장 체계적으로 이루어지고 있는 업종이다. 4대 메이저 편의점인 씨유, 지에스25, 세븐일레븐, 이마트24는 전국에 약 5만 개의 점포가 있다. 편의

점은 상권 범위가 작지만 필수 업종으로 모든 상권에서 검토 가능하다. 소비자 상시 이용률이 높기 때문에 상가 밀집지역에서 편의점 진입 여부에 따라서 상가 집객력이 차이가 난다. 메이저 편의점 가맹본사가 설정한 상권 범위에는 도로교통법상 도보거리 250m 이내에 신규 가맹점 및 직영점을 두지 않는다고 규정하고 있다.

국내 4대 프랜차이즈 편의점 브랜드 현황		
업체명	점포수	기준 일자
CU	16,787개	2023. 12. 21
GS25	16,448개	2023. 10. 16
세븐일레븐	12,677개	2023. 8. 11
이마트24	5,501개	2022. 12. 28

출처 : 공정거래위원회 가맹사업거래 및 마이프차 홈페이지(일부 자료 오차 및 착오가 있을 수 있음)

슈퍼마켓(SSM 포함)

》 점포 면적 : 대체적으로 330~1,000㎡ 미만 면적으로 구성되었다.

》 업종 현황 : 다양한 상권에 출점하지만 주거지 인접한 근린 상권과 전통 시장에서 경쟁력을 발휘한다. 근린 상권에서 슈퍼마켓이 입점한 상가가 상권의 랜드마크인 시절도 있지만 다양한 유통채널의 등장으로 어려움에 빠진 업종이다. SSM의 신규 출점은 아파트 근린 상권이나 대단지의 경우 단지 내 상가를 선호한다.

» 주요 프랜차이즈 현황

지역 상권에 영향을 미치는 주요 유통 채널	
업체명	**비고**
SSM (기업형 슈퍼마켓)	유통 대기업에서 운영하는 기업형 슈퍼마켓을 말한다. 대부분 330~1,000㎡ 미만의 면적 규모로 대표적 브랜드로는 이마트에브리데이, 롯데슈퍼, GS더프레쉬, 홈플러스익스프레스가 있다. 코로나19 이후 비대면 유통채널 부상과 편의점이 직접적 경쟁 상대로 등장해 구조조정이 지속되는 분야 중 하나이다.
하나로마트	농협중앙회 경제지주에서 운영 중인 기업형 슈퍼마켓, 대형마트로 점포별 운영은 지역 농,축협에서 담당한다. 공산품, 신선식품이 판매되지만, 지역 농민들이 생산한 농산물의 위탁 판매에 가장 큰 목적이 있다. 지역으로 갈수록 하나로마트에 대한 지역민의 인지도가 높다.
식자재마트	지역상권에서 1,000~3,000㎡의 규모로 실질적으로 SSM이나 대형마트에 버금갈 정도로 충분한 주차장 면수를 확보하고 영업하는 곳이 많다. 소매 기능뿐만 아니라 음식점 등에 도매공급을 병행하고 있지만 대형마트, SSM의 의무휴업일 규제에서 비켜나 있다. 업소용 대형 벌크, 묶음판매에 강점이 있다.
로컬형 슈퍼	지역에서 단독형~10개 이상 점포를 프랜차이즈 형태로 운영하고 지역마다 인지도 높은 브랜드가 있다. 운영 규모는 SSM, 식자재마트와 비슷한 규모이고, 지역 내에 점포를 집중적으로 전개해 빠른 재고관리가 강점이다. 지역 상권에서 잘 팔리는 이벤트 상품으로 고객을 유인하는 특징이 있다.
편의점	1인 세대가 증가하면서 단품 위주의 편의점과 SSM은 직접적인 경쟁관계에 직면했다. 전국 4대 편의점이 약 5만 개로 이 중 2022년 3월 미니스톱이 세븐일레븐에 합병되면서 편의점 간 경쟁은 더욱 치열해지고 있다.
비대면 판매	쿠팡, 마켓컬리 등 문 앞 배송으로 오프라인의 모든 유통채널과 직접적 경쟁 관계에 있다. 공산품 묶음판매, 신선도 유지가 강점이다.

이동통신

》 점포 면적 : 33㎡ 이상이면 가능하다.

》 업종 현황 : 이동통신 서비스 회사의 가맹점으로 등록된 개인 및 법인이 다점포로 지점을 운영하는 사례와 가맹점으로부터 업무와 판매를 위탁받아서 기기와 서비스 가입을 유도해 이익을 얻는 판매점 형태 운영으로 나뉜다. 스마트폰 기기의 교체 주기가 길어지면서 기존 상권에서 신규 점포 개설은 감소하고 있는 업종이다. 다만, 신도시, 택지지구의 중심상업지역, 근린생활시설에서 공급되는 상가 1층에 꼭 필요한 업종 중 하나이다.

》 비고 : 이동통신 서비스 회사의 가맹점과 판매점 형태 외에 여러 이동통신 서비스 업체 가맹점으로 등록한 독립 법인이 가맹점을 모집하는 사례는 있었지만 현재는 운영 업체가 많지 않다.

문구점

》 점포 면적 : 중심 상권과 오피스가에 출점 시 166㎡ 이상을 희망한다.

》 업종 현황 : 1층 업종이지만 상품 종류가 많아서 충분한 공간이 필요한 데 비해 임대료 부담이 크기 때문에 1층보다 2층이나 3층에 진입하는 경우가 많다. 학생수 감소와 문구바우처로 근린생활시설보다는 오피스가(지식산업센터 포함)에서 2층 대형(166㎡ 이상) 매장 출점이 증가하고 있다.

» 문구 관련 주요 프랜차이즈 브랜드

국내 주요 문구 프랜차이즈 브랜드				
브랜드명	분류	점포수 (개, 2021년)	기준 면적 (㎡)	가맹사업자부담금 (정보공개서 기준)
알파	문구	660	99	1억 7,700만 원
모닝글로리	문구	289	66	6,280만 원
드림디포	문구	318	165	3억 1,492만 원
아트박스	문구	130	165	3억 4,380만 원

출처 : 공정거래위원회 가맹사업거래 및 마이프차 홈페이지(일부 자료 오차 및 착오가 있을 수 있음)

식품점
(Grocery Store, 1차 식품,
식품 가공, 제조·판매)

야채, 과일, 생선

>> **점포 면적** : 33㎡ 이상이면 가능하지만 프랜차이즈 형태는 50㎡
이상(유기농 전문점)을 권장한다.

>> **업종 현황** : 야채, 과일, 생선은 전통 시장에 입점하는 대표적 업종
이고, 근린 상권의 상가에는 야채, 과일, 유기농 전문점은 선호하지만
생선은 냄새로 인해서 상가 입점을 기피한다.

정육점

>> **점포 면적** : 33㎡ 이상이면 가능하고, 점포 절반 이상을 정육 냉장
고로 사용한다.

>> **업종 현황** : 아파트 인근의 근린 상권, 전통 시장을 선호한다. 정육 기술은 초보자가 하기 어려운 기술이므로 슈퍼마켓 내의 숍인숍 점포의 비율도 높다.

유기농 전문점

>> **점포 면적** : $50m^2$ 이상이면 가능하고 점포 면적에 따라서 품목이 늘어난다.

>> **업종 현황** : 생산자와 소비자가 직거래할 수 있는 시스템을 기반으로 하는 생활협동조합 방식과 유기농식품을 전문으로 취급하는 프랜차이즈 방식이 있다. 생활협동조합 대표 브랜드는 두레생협, 아이쿱 자연드림이 있고, 기본적인 시스템은 조합원에 의해서 운영된다.

배후에 주거지가 집중된 근린 상권을 주요 입지로 한다.

반찬, 두부 전문점, 떡집

>> **점포 면적** : $50m^2$ 이상을 권장하는 업종이다.

>> **업종 현황** : 식품 제조, 가공, 소분하는 업종은 식품제조가공업인지, 즉석판매제조가공업인지 시군구 위생과를 통해서 어떤 업종에 속하는지 확인하고, 신고 과정을 거쳐야 한다. 식품의 제조, 가공하는 공간과 판매 공간을 적절히 분리하는 게 위생 관리와 점포 효율성을 높일 수 있다. 상권 입지는 아파트 근린 상가와 주택가 골목 시장, 전통 시장

이 비교적 높은 매출을 올린다. 묶음판매와 요일 이벤트 및 경우에 따라서 밀키트 판매 공간을 함께 운영하는 점포들이 늘어나면서 $100m^2$ 이상 공간을 이용한 점포가 증가하고 있다.

식품 관련 주요 프랜차이즈 브랜드

국내 주요 식품점 프랜차이즈 브랜드				
브랜드명	분류	점포수 (개, 2021년)	기준 면적 (㎡)	가맹사업자부담금 (정보공개서 기준)
초록마을	식품	400	50	9,597만 원
내추럴하우스 바이올가	식품	26	50	1억 1,970만 원
진이찬방	반찬	106	33	6,510만 원
오레시피	반찬	141	33	6,744만 원
장독대	반찬, 국	정확한 정보 알 수 없음.	43	8,800만 원
국사랑	반찬, 국	51	33	5,810만 원
정관장	건강식품, 홍삼	1,077	50	1억 5,980만 원

출처 : 공정거래위원회 가맹사업거래 및 마이프차 홈페이지(일부 자료 오차 및 착오가 있을 수 있음)

토탈 라이프스타일
(Total Lifestyle)숍

라이프스타일숍

》 점포 면적 : 330~1,000m^2의 점포가 운영되고 있다.

》 업종 현황 : 대표적인 종합 토탈 라이프스타일숍으로는 까사미아와 모던하우스가 있는데, 2개 업체 모두 상가에 유치 시 상가의 집객력이 강화되어 키 테넌트(전략 점포) 역할을 한다. 신세계에서 운영하는 까사미아는 가구, 인테리어 제품 및 침장류 등을 제조·판매한다. 이랜드 리테일이 운영하는 모던하우스는 유럽식 라이프스타일숍(침장류와 가구)이다. 두 개 업체 모두 중심상업지역이나 도시의 대표 상권에 진입한다.

침장류, 침구류(Bedding)

》 점포 면적 : 100㎡ 이상을 선호한다.

》 업종 현황 : 독립점 형태의 점포가 많고, 브랜드 형태로는 ㈜이브자리와 알레르망 등이 있다. 이브자리는 침구류 전문 가맹점 체제이고, 알레르망은 30평, 50평, 70평 유형의 침구 판매업체이다.

철물, 가정공구

》 점포 면적 : 50㎡ 이상을 선호한다.

》 업종 현황 : 철물과 가정용 공구 판매 및 집수리와 인테리어를 겸한다. 아파트 단지 내 상가, 근린생활시설, 전통 시장 내 상가를 선호한다.

인테리어, 커튼

》 점포 면적 : 66㎡ 이상을 선호한다.

》 업종 현황 : 집수리와 홈인테리어를 하는 업체와 상업용 공간 인테리어를 하는 업체로 나뉜다(근린형). 홈인테리어의 경우 아파트 상가나 근린 상가 1층에서 전시용 공간을 겸해 입점한다. 상업용 공간 인테리어 업체는 점포형의 저층부보다는 오피스 사무실 유형을 선호한다.

기타

라이프스타일숍으로 분류되는 업종 중에서 메디컬 분야의 약국과 패션 분야의 의류 수선점 등도 다른 분류에 포함되지만, 라이프스타일숍으로 분류할 수 있다.

생활비지니스
(Lifestyle Biz)

공인중개사(부동산 사무소)

》 점포 면적 : 33㎡ 이상

》 업종 현황 : 개인 중개업소에서 대형 상업용 건물 전문 중개법인까지 다양하다. 전국 공인중개업소의 수는 약 10만 개로 추산되기 때문에 전국 어느 지역이든지 분포한다. 공인중개업소가 다른 지역에 비해 밀집되어 있는 지역은 그만큼 거래가 활발한 곳으로 상권 변화가 심한 지역으로 보면 된다.

여행사

≫ 점포 면적 : $66m^2$ 이상

≫ 업종 현황 : 단체 관광, 항공권 발권을 대행하는 업무를 했지만 코로나 이후 업체들 상당수는 폐업하고, 상당수 업무는 인터넷을 통한 예약이 일반화되어 업체 숫자가 줄어드는 업종이다.

음식점-한식, 고깃집, 분식
주요 프랜차이즈(Food-kor)

프랜차이즈 업종 중에서 가장 많은 비중을 차지하고 상가 저층부 진입이 가장 많은 업종이 넓은 의미로 음식업에 해당되는 F&B와 주점 종류이다. 상가 기획에서 MD 구성을 할 때 카테고리 분류에서는 고객 라이프스타일에 따라서 빠르게 조리되고, 식사 시간이 짧은 캐주얼푸드, 조리 시간과 식사 시간이 긴 헤비푸드, 배달이 중심이 되는 딜리버리 푸드, 야간 술과 함께하는 나이트 푸드 등으로 다양하게 분류하고, 서비스방식에 따라서 주점, 유흥주점으로 분류하기도 하지만 이곳에서는 프랜차이즈 업체 메뉴에 따른 분류를 사용했다(마지막 장 상가 사례 편에서는 고객의 소비 형태와 메뉴에 따른 분류 방식을 혼합해서 설명했다).

한식, 고기, 분식을 중심으로 하는 전형적인 식사(밥)를 중심으로 메뉴가 구성된 음식점을 말하며, 점포의 콘셉트에 따라서 술 판매를 겸한 곳과 그렇지 않은 곳이 혼재하지만, 술 판매 비중은 점차 낮아지고 있다. 음식점 카테고리에서 가장 많은 수의 점포를 기록하고 있고, 주요 분야는 다음과 같다.

고기구이

》》 점포 면적 : $100\,m^2$ 전후/$200\,m^2$ 전후
》》 업종 현황
- **주점형 고깃집** : $100\,m^2$ 전후 면적으로 역세권, 지역 거점 상권 1층 먹자골목, 신도시 준주거, 상가주택 인접 지역의 상가를 희망한다.
- **가든형 고깃집** : $200\,m^2$ 전후 면적으로 한정식+고깃집 유형으로 주차장을 갖춘 일반적 가든형과 신도시 상권의 2층에 입점하는 유형이 있다. 술 판매보다는 식사에 포커스가 맞추어진 콘셉트이다.
- **비고** : 주점형과 가든형의 차이는 술 판매와 식사 중 어느 곳의 비중이 많은지로 구분한다. 고기의 종류는 소고기, 돼지고기, 양고기 비중이 높고, 업소마다 굽는 방식에 차이가 있고, 외부 배기 후드 시설에 차이가 있다(홉, 배기가 제대로 이루어지지 않을 경우 해당 상가뿐만 아니라 건물 전체에 피해를 줄 수 있다).

족발, 보쌈

>> **점포 면적** : 33㎡/100㎡ 전후

>> **업종 현황** : 배달형(33㎡)과 카페형(100㎡)으로 나눠지는데, 배달형은 홀 내 판매는 하지 않고 오직 배달에만 집중하고 카페형은 배달, 홀 판매를 병행한다. 배달형은 지역과 주거지 진입 초입 상권을 선호하고 카페형은 주거지, 역세권, 먹자골목 유형을 입지로 선택한다. 카페형은 점차적으로 주류 판매가 감소하고 있어서 프랜차이즈 가맹점을 희망하는 창업자들은 카페형보다 배달형의 선호도가 높아지고 있다.

해장국, 감자탕, 설렁탕

>> **점포 면적** : 100㎡ 이상 점포 면적을 선호한다.

>> **업종 현황** : 영업 시간과 회전율에 따라서 매출액이 좌우되는 업종으로 접근성, 가시성이 좋은 입지가 경쟁력이 높다. 주요 희망 상권은 역세권, 오피스가, 먹자 상권, 전통 시장, 신도시 상업지역, 준주거, 상가주택 상권이다. 회전율 때문에 접근성, 가시성이 좋은 입지를 선호한다. 낮은 객단가, 높은 인건비로 인해서 키오스크 운영이 증가하는 업종 중 하나이다.

찌개 전문점(부대찌개, 김치찌개 등)

>> **점포 면적** : 1층 50㎡ 전후의 면적을 선호한다.

>> **업종 현황** : 김치찌개 전문점이 대표적으로 1인분이 있지만 주로 2~3인용 판매를 기본으로 하며 홀 내, 배달, 테이크아웃을 병행한다. 메뉴는 부대찌개, 김치찌개와 짜글이, 두루치기를 판매하며, 주요 상권은 역세권, 중심상업지역, 준주거 이상 음식점이 집중된 곳이 유리하다.

닭갈비 전문점

>> **점포 면적** : 1층 100㎡ 이상 면적을 선호하지만 최근에는 2층 출점이 많다.

>> **업종 현황** : 역세권, 상업지역 1, 2층 출점이 모두 가능한 업종이다. 술 판매 비중이 낮아지는 추세로 밥, 막국수 식사 메뉴를 중심으로 하기 때문에 음식점 집중지역과 테이블 회전율이 높은 역세권, 상업지역이 유리하다.

해물요리(해물찜, 조개구이)

>> **점포 면적** : 100㎡ 이상 면적을 선호한다.

>> **업종 현황** : 해물찜 전문점은 식사와 술의 비중이 비슷해서 임대료가 저렴한 2층 점포를 선호하지만, 조개구이는 안주로 먹는 메뉴로, 가

시적인 것이 중요해 1층 점포를 선호한다.

칼국수, 보리밥

》 점포 면적 : 50㎡ 이상의 다양한 면적으로 운영된다.

》 업종 현황 : 칼국수만 전문으로 파는 경우, 보리밥을 함께 파는 경우, 보쌈을 함께 파는 경우 등 다양하다. 상권, 입지도 전통 시장, 주거지 상권, 교외형 등으로 콘셉트를 어떻게 운영하는지에 따라서 선호하는 상권과 그에 따른 층과 면적이 결정된다.

라면, 김밥, 떡볶이, 만두, 스낵, 기타 분식

》 점포 면적 : 33㎡ 이상

》 업종 현황 : 테이크아웃, 배달에 의한 판매가 일반화되면서 매장 판매를 하지 않는 곳도 있지만, 안정적 매출을 위해서는 매장 판매를 병행하는 점포들이 늘어나고 있다. 매장 판매 병행이 50㎡ 면적에 가까울수록 유리하다. 상권은 주거지 근린 상권과 상업지역, 역세권 후면 상가(전면 상가는 임대료 부담)를 선호하는 추세이다.

죽집

>> 점포 면적 : $33m^2$ 이상

>> 업종 현황 : 테이크아웃, 배달, 홀 내 판매를 병행하는 유형이 많다. 협소한 면적의 경우에도 1인용, 2인용, 4인용 테이블을 점포 면적에 따라서 배치한다. 상권은 주거지 근린 상권과 수술과 입원 의원급이 집중된 지역의 상가에 입지하고, 상업용지, 역세권의 경우 전면도로에 입지할 경우 임대료 부담으로 가시성 좋은 B급 입지를 선호한다.

국내 주요 고기, 한식, 탕, 찌개, 분식류 프랜차이즈				
브랜드명	분류	점포수 (개, 2021년)	기준 면적 (㎡)	가맹사업자부담금 (정보공개서 기준)
화포식당	고기	40	99	1억 450만 원
하남돼지집	고기	160	99	1억 3,663만 원
맛찬들양념구이	고기	84	165	1억 7,300만 원
엉터리생고기 두번째이야기	고기	47	231	2억190만 원
배부장찌개	찌개	86	66	6,085만 원
존슨부대찌개	찌개	41	99	7,910만 원
조마루감자딩	감자탕	171	165	1억 5,447만 원
맛나감자탕	감자탕	73	165	1억 5,990만 원
유가네	닭갈비	213	99	9,485만 원
한촌설렁탕	설렁탕	125	116	1억 4,910만 원
청국장과보리밥	보리밥	10	132	1억 4,050만 원
지호한방삼계탕	삼계탕	79	99	1억 2,045만 원
본죽	죽	891	33	7,349만 원
죽이야기	죽	369	33	7,295만 원

브랜드명	분류	점포수 (개, 2021년)	기준 면적 (㎡)	가맹사업자부담금 (정보공개서 기준)
국수나무	분식	281	50	7,230만 원
샤브향	샤브샤브	143	264	2억 5,360만 원
고봉민김밥	김밥	563	66	5,316만 원
김밥천국	분식	287	33	4,840만 원
죠스떡볶이	떡볶이	233	33	8,256만 원
신전떡볶이	떡볶이	719	33	7,010만 원
봉잎사랑샤브칼국수	칼국수, 보쌈	27	165	1억 2,357만 원
명인만두	만두	116	33	5,026만 원
북촌손만두	만두	192	66	1억 532만 원
맛나분식	분식	28	83	1억 810만 원

출처 : 공정거래위원회 가맹사업거래 및 마이프차 홈페이지(일부 자료 오차 및 착오가 있을 수 있음)

음식점
– 일식, 아세안식(Food-asia)

초밥

>> **점포 면적** : $66m^2$ 이상의 면적을 선호한다.

>> **업종 현황** : 상업지역, 업무지역, 주거지역 상권의 1층을 선호한다. 다른 메뉴에 비해서 객단가가 높기 때문에 상권, 상가의 초입을 선호한다. 지역적으로 소득 안정성이 높은 상권과, 직장인 비중이 높은 상권이 진입에 유리하다. 음식점 상가를 기획하는 곳이라면 1층에 전략적으로 유치할 때 다른 아이템들의 유입에도 영향을 미치므로 상가 활성화에 도움이 된다.

일본식 우동, 돈가스

》 점포 면적 : 66㎡ 이상을 선호한다(프랜차이즈 업체는 50㎡ 이상을 권장).

》 업종 현황 : 독립점의 경우 자가 제면과 프랜차이즈업체의 경우 기계식 제면을 하는 곳이 많다. 전문점 형태로 다양한 우동을 취급하거나, 다양한 돈가스를 전문으로 팔지만 대중적인 프랜차이즈일수록 함께 팔기도 한다. 주요 입지는 상업지역, 준주거, 오피스가, 학원가, 100㎡ 이상의 민영 아파트 분포가 많은 지역의 근린 상권에 입점한다. 젊은층 집객에 유리한 업종으로 우동과 돈가스 장사가 잘되는 지역의 다른 메뉴 음식점들도 비교적 장사가 잘된다. 프랜차이즈 가맹점 형태가 많지만 양식 메뉴와 같이 실력이 뛰어난 셰프들이 서브셰프를 두고 다점포로 운영하는 사례들이 많은 분야이다. 실력 있는 셰프의 직영점 유치는 상가 전체 다른 브랜드나 업종의 유입에 영향을 미쳐서 상가 활성화에 도움이 된다.

베트남, 태국 요리 전문점

》 점포 면적 : 홀 판매 중심으로 운영되고 있어서 66㎡ 이상을 선호한다.

》 업종 현황 : 독립점, 프랜차이즈형 모두 대중화되어, 국내 아세안 음식점들은 폭넓게 인기를 끌고 있다. 식사류 중심과 음식과 주점을 혼합한 노상 식당 모두 대중화되었다. 상가의 형태는 일반 상가의 1, 2층과 복합쇼핑몰 등 다양하다.

커리 전문점

>> **점포 면적**: 홀 판매 중심으로 운영되고 있어서 $66m^2$ 이상을 선호한다.

>> **업종 현황**: 국내에 대중화된 유형은 일본식과 인도식으로 이 중 일본식은 프랜차이즈 유형이 많고, 인도식은 독립점 유형이 많다. 상가의 형태는 다양한 음식점이 집중된 상권의 독립된 상가의 1, 2층과 복합쇼핑몰의 음식점 존이 집중된 곳이 유리하다.

주요 일식, 아세안식 프랜차이즈 브랜드

일식, 아세안식의 주요 프랜차이즈 브랜드				
브랜드명	분류	점포수 (개, 2021년)	기준 면적 (㎡)	가맹사업자부담금 (정보공개서기준)
미카도스시	초밥	59	66	1억 3,645만 원
무모한초밥	초밥	140	33	6,513만 원
고레카레	카레	109	66	8,000만 원
하루엔소쿠	일식 돈가스	107	99	1억 712만 원
코바코	돈가스	153	132	1억 6,680만 원
오유미당	아세안	54	50	7,987만 원
에머이	아세안 (베트남쌀국수)	52	99	1억 2,403만 원
포메인	아세안	112	99	1억 8,595만 원
미분당	아세안	47	40	1억 92만 원
아비꼬	일식	115	99	1억 2,290만 원
코코이찌방야	일식	30	66	8,900만 원

브랜드명	분류	점포수 (개, 2021년)	기준 면적 (㎡)	가맹사업자부담금 (정보공개서기준)
백소정	일식	34	99	1억 2,626만 원
베트남쌀국수	아세안	22	50	5,898만 원

출처 : 공정거래위원회 가맹사업거래 및 마이프차 홈페이지(일부 자료 오차 및 착오가 있을 수 있음)

음식점
– 중식(Food-china), 마라탕

중화요리

» **점포 면적** : 홀 판매를 하는 경우 $100\,m^2$ 이상을 선호하지만 배달을 전문으로 할 경우 $66\,m^2$ 정도의 매장도 많다.

» **업종 현황** : 중화 요리 메뉴가 다양하고, 일정 수준 이상 메뉴를 만들어낼 수 있는 요리사 확보가 어렵기 때문에 프랜차이즈 형태가 어려운 대표적인 업종 중 하나이다. 상가 활성화를 위해서는 홀 판매에 집중하는 업체를 유치하는 것이 상가에 입점한 다른 음식점에도 도움이 된다.

마라탕

>> **점포 면적** : $66m^2$ 이상의 점포를 선호한다.

>> **업종 현황** : 환기 때문에 2층보다 1층을 선호하며 프랜차이즈 업체들도 있지만 중소업체들이 운영하고 있다. 마라탕은 젊은층에게 인기가 높아서 20~30대 상권의 먹자 상권에서 인기가 높고, 역세권, 주거지 상권에서도 비교적 안정적 매출을 올리는 곳이 많다.

주요 중식, 마라탕 프랜차이즈 브랜드

중식, 마라탕의 주요 프랜차이즈 브랜드				
브랜드명	분류	점포수 (개, 2021년)	기준 면적 (㎡)	가맹사업자부담금 (정보공개서 기준)
보배반점	중식	68	149	1억 2,380만 원
홍콩반점0410	중식	270	99	1억 414만 원
소림마마	마라	123	33	7,590만 원
야미마라탕	마라	44	66	7,965만 원

출처 : 공정거래위원회 가맹사업거래 및 마이프차 홈페이지(일부 자료 오차 및 착오가 있을 수 있음)

음식점
- 미주식, 유러피안(Food Europe)

파스타, 스테이크

» **점포 면적** : 프랜차이즈의 경우 $100m^2$ 이상을 선호하지만 독립점의 경우 창업자의 콘셉트에 따라서 면적이 달라진다.

» **업종 현황** : 프랜차이즈 업체의 경우 파스타+피자와 스테이크 역시 복합 메뉴 판매 업체가 많다. 독립점은 일부를 사이드로 판매하는 곳도 있지만 대부분 파스타와 스테이크에 집중하는 곳이 많다. 메뉴는 대중화가 이루어졌지만 프랜차이즈 형태의 가맹점의 경우 브랜드당 100개 이상의 가맹점을 운영하는 곳은 손에 꼽을 정도로 적다. 점포 유치 시 대중적인 브랜드보다 독립점이면서 운영 점포 숫자가 적더라도 메뉴 질을 일정 수준 이상 보장하는 업체를 유치하는 것이 상가 활성화에 도움이 된다.

타코, 정식류, 기타

» **점포 면적** : 평균적으로 $66m^2$ 이상을 선호한다.

» **업종 현황** : 양식 메뉴는 국내에 다양하게 소개되고 있지만 피자, 파스타, 스테이크를 제외하고는 프랜차이즈를 통해서 대중화되기 어려운 아이템이다. 양식 메뉴의 경우 음식점마다 셰프의 실력 차이가 크기 때문에 일정한 품질을 갖춰서 대중화되기 어렵기 때문이다. 다만, 일식집과 같이 음식점마다 한 사람의 대표셰프 아래에 서브셰프를 두고 다점포를 운영하는 사례가 있기 때문에 프랜차이즈 유형보다는 맛집들과 직접적으로 접촉해 유치를 시도할 필요가 있다.

주요 서구식 프랜차이즈 브랜드

미주식, 유러피안 음식점의 주요 프랜차이즈 브랜드				
브랜드명	분류	점포수 (개, 2021년)	기준 면적 (㎡)	가맹사업자부담금 (정보공개서 기준)
롤링파스타	파스타	104	99	1억 2,418만 원
봉대박스파게티	스파게티	24	99	
홍익스테이크	스테이크	50	33	5,900만 원
도쿄스테이크	스테이크	12	66	8,110만 원

출처 : 공정거래위원회 가맹사업거래 및 마이프차 홈페이지(일부 자료 오차 및 착오가 있을 수 있음)

음식점
– 치킨, 피자, 배달, 도시락(Food Delivery)

치킨, 피자

≫ 점포 면적 : $33m^2$ 이상인데, 업체마다 차이가 있고, 홀 판매를 병행할 경우 점포 면적은 넓어진다.

≫ 업종 현황 : 치킨, 피자의 업태가 과거에는 카페형으로 홀 내 판매의 비중이 어느 정도 유지되었으나 현재는 오피스가, 역세권, 먹자골목의 치킨호프 유형을 제외하고는 배달 유형이 압도적으로 높다. 배달형 점포의 상권, 입지 특징은 주거지 초입의 가시성 좋은 상가이다. 배달형으로 상권 입지 선택을 잘하는 프랜차이즈 브랜드는 저자의 판단으로는 도미노 피자이다. 피자의 경우 독립점 형태의 전문점은 카페형이 많고, 점포의 규모는 상권에 따라서 차이가 있지만, $100m^2$ 이상으로 1층뿐만 아니라 상층부도 진입한다.

도시락 전문점

>> **점포 면적** : $33m^2$ 이상이나 홀 판매를 하지 않기 때문에 주방 시설과 테이크 매대만 설치한 곳이 많다.

>> **업종 현황** : 독립점 형태의 도시락 전문점의 경우 대중적인 유형보다 프리미엄 유형으로 창업하는 사례가 많다. 프랜차이즈 유형의 경우 대중적인 메뉴로 가격이 저렴한 것이 강점이지만, 메뉴의 다양성과 균일성을 맞추기 어려워서 신규 업체가 진입하기 어려운 분야이기도 하다. 주로 상권, 입지는 대단지 아파트, 오피스가, 대학가, 오피스텔, 도시형 주택 근린 상가에서 테이크아웃 형태로 판매된다.

치킨, 피자, 도시락 주요 프랜차이즈 브랜드

치킨, 피자 배달, 도시락의 주요 프랜차이즈 브랜드				
브랜드명	분류	점포수 (개, 2021년)	기준 면적 (㎡)	가맹사업자부담금 (정보공개서기준)
푸라닭	치킨	705	33	7,578만 원
자담치킨	치킨	719	33	4,290만 원
바른치킨	치킨	299	50	4,390만 원
부어치킨	치킨	285	33	3,765만 원
교촌치킨	치킨	1,339	66	1억 3,940만 원
BHC(비에이치씨)	치킨호프	1,779	66	8,543만 원
도미노피자	피자	475	약 25평	2억 5,495만 원
7번가피자	피자	229	50	8,550만 원
피자알볼로	피자	317	50	1억 5,110만 원

브랜드명	분류	점포수 (개, 2021년)	기준 면적 (㎡)	가맹사업자부담금 (정보공개서기준)
피자마루	피자	604	36	6,268만 원
피자스쿨	피자	600	33	7,274만 원
가장 맛있는 족발	족발	401	99	1억 3,290만 원
한솥도시락	도시락	716	50	9,805만 원
본도시락	도시락	428	36	8,082만 원
토마토도시락	도시락	81	33	6,155만 원

출처 : 공정거래위원회 가맹사업거래 및 마이프차 홈페이지(일부 자료 오차 및 착오가 있을 수 있음)

주점, 치킨호프(Pub)

주점 카테고리로 분류되는 업태는 크게 치킨호프, 포차형, 이자카야(일본식), 고기구이 주점으로 음식점과의 구분은 식사가 중심이냐, 술이 중심이냐에 따라서 나누지만 카테고리가 모호해서 서로 중복될 수도 있다. 예를 들어 고깃집의 경우 야간에 술과 고기를 팔고, 점심을 팔기 때문에 고깃집을 밥집으로 분류할지, 술집으로 분류할지 문제이다. 그러나 이 문제는 상권에 따라서 같은 메뉴를 팔더라도 술의 비중이 높으냐, 식사 메뉴의 비중이 높으냐에 따라서 업종 카테고리를 기술적으로 분류할 필요가 있다.

치킨호프

» **점포 면적** : $66m^2$ 이상

» **업종 현황** : 대부분 국내 프랜차이즈형 주점의 경우 치킨과 호프를 메인 메뉴로 해 다양한 메뉴와 주류를 취급하고, 정확하게는 퓨전형 주점에 가깝다.

고기, 족발, 곱창, 막창, 양꼬치

» **점포 면적** : $66m^2$ 이상

» **업종 현황** : 기본적인 영업 형태는 주류를 전문으로 판매하는 주점으로 점심 장사를 하지 않고 오후 5시 이후 문을 열어서 영업한다. 새로운 트렌드로 저녁과 야간 매출이 떨어져서 직장인 수요가 있는 상권의 경우 낮술 판매와 점심 메뉴를 개발해 주간 장사를 하는 곳이 증가하고 있는 것도 하나의 패턴이다. 개별 점포보다는 비슷한 업태들이 밀집한 상권과 상가들이 유리하다. 상가, 건물에서 메인도로변 방향 점포보다 이면도로나 후면도로와 접하는 곳에 주점들이 밀집하는 경향이 있다.

이자카야, 참치 전문점

» **점포 면적** : $50m^2/66m^2$ 이상

» **업종 현황** : 일본식 선술집과 참치 전문점의 형태이다. 대표적으로

사케와 함께 주방장에 의해서 그날그날 메뉴가 바뀌는 오마카세류와 프랜차이즈 형태로 국내에 일찍 정착한 꼬치구이집이 대표적이다. 참치 전문점은 D사, S사 참치의 대기업 브랜드도 있지만 2010년 이후는 주방장에 의해서 운영되는 독립점 형태나 메인셰프 아래의 서브셰프에 의해 운영되는 직영점 형태 비중이 높다.

기타 – 와인, 하이볼 전문

》 점포 면적 : $66\,m^2$ 이상

》 업종 현황 : 전문점 형태와 프랜차이즈 형태가 등장하고 있지만 아직까지는 시장이 제한적이다. 시장 규모가 제한적이어서 전문점 형태보다는 주점에서 술의 종류로서 취급하는 곳이 많다.

주요 주점 프랜차이즈 브랜드

주요 주점 프랜차이즈 브랜드				
브랜드명	분류	점포수 (개, 2021년)	기준 면적 (㎡)	가맹사업자부담금 (정보공개서 기준)
펀비어킹	주점	334	99	1억 3,228만 원
구도로통닭	치킨호프	24	99	1억 1,552만 원
투다리	꼬치구이	1,395	50	7,775만 원
역전할머니맥주1982	주점	672	50	9,066만 원
크라운호프	주점	365	66	6,470만 원

브랜드명	분류	점포수 (개, 2021년)	기준 면적 (㎡)	가맹사업자부담금 (정보공개서 기준)
김복남맥주	주점	95	50	5,095만 원
금별맥주	주점	55	56	7,650만 원
꼬지사께	주점	114	40	5,721만 원
치어스	주점	81	99	1억 454만 원
탄광맥주	주점	21	50	8,417만 원
한신포차	주점	136	99	1억 1,173만 원
경성양꼬치	양꼬치	27	66	7,230만 원
군자대한곱창	곱창	97	99	1억 1,055만 원
육회왕자연어공주	이자카야	43	50	6,635만 원
청담이상	이자카야	73	165	2억 1,945만 원

출처 : 공정거래위원회 가맹사업거래 및 마이프차 홈페이지(일부 자료 오차 및 착오가 있을 수 있음)

카페, 커피, 베이커리(Cafe, Bakery), 패스트푸드

상가 1층에 주로 입점했으나 임대료 부담으로 1, 2층 연결형이 증가하고 있다. 브랜드에 따라서 전략적으로 드라이브스루에 집중하는 메이저 브랜드들이 증가하고 있다. 카페의 경우 집객 효과가 큰 규모는 200㎡ 이상으로 브랜드의 지명도에 따라서 매출도 차이 나지만 규모, 인테리어 분위기의 차별화가 크지 않기 때문에 커피와 차와 맛과 품질, 디저트의 경쟁력에 따라서 매출이 차이가 난다.

50㎡ 이하는 실속형으로 매장형보다 테이크아웃이 높은 비중을 차지한다. 최근 몇 년 사이 교외나 지역 구도심에 1,000㎡ 이상의 커피, 베이커리 카페가 등장하고 있으나 대중적이지는 않고, 충분히 임대료와 운영비를 유지할 수 있는지가 가장 큰 관건이다.

커피 대형(메이저형)

➤➤ **점포 면적** : 165㎡/198㎡/230㎡ 이상, 드라이브스루

➤➤ **업종 현황** : 직영 형태의 메이저 업체와 가맹 형태의 프랜차이즈 업체들로 상가 활성화를 위한 상가의 앵커스토어로 유치하는 경우가 많다. 역세권, 중심 상권, 대학가, 근린 상권의 중심 상가에 입점한다.

커피 중소형

➤➤ **점포 면적** : 33㎡/66㎡ 이상

➤➤ **업종 현황** : 테이크아웃형이 가장 많은 비중을 차지하고 있고, 커피 대형 업체의 틈새 점포로 출점하는 경우가 많다. 오피스가, 근린 상권, 중심 상권의 B급 입지를 선호한다.

베이커리, 제과, 제빵

➤➤ **점포 면적** : 100㎡/165㎡ 이상

➤➤ **업종 현황** : 제과, 제빵의 경우 홀 내 취식이 가능하지만, 판매에 비중이 있고, 베이커리 카페는 홀 내 취식에 목적이 있다. 제과, 제빵은 일상식으로 먹는 메뉴이고, 점포의 표준이 잘 관리된 프랜차이즈 업체의 비중이 높아서 안정적인 매출을 올리는 것은 30평형 전후의 가족 세대가 많이 거주해 배후세대가 안정적인 상권이다. 베이커리 카페의

경우 홀 내 취식을 위해서 머무는 시간이 길어서 테이블 회전율이 낮을 경우, 판매하지 못한 빵은 폐기해야 하기 때문에 로스율이 높아서 수익 달성이 어렵다. 따라서 상가 활성화를 위해서 베이커리 카페를 유치할 경우 상품과 브랜드력이 충분히 검증된 점포를 유치해야 한다.

패스트푸드(버거)

>> **점포 면적** : $33\,m^2$ 이상$/66\,m^2$ 이상$/165\,m^2$ 이상

>> **업종 현황** : 테이크아웃과 배달을 전문으로 할 경우 $33\,m^2$ 정도이면 가능하지만, 점포 내 취식을 겸하는 마이너 브랜드의 경우 $66\,m^2$ 이상을 희망한다. 카페형 판매가 중심이 되는 메이저 브랜드의 경우 브랜드마다 차이는 있지만 일반적으로 $165\,m^2$ 이상을 희망한다. 저가형, 테이크아웃형 업태의 경우도 상품력은 비교적 높은 편이지만 원가율이 높아서 매출액은 높지만, 수익을 달성하지 못하는 업체도 많기 때문에 상가에 유치할 때 주의할 필요가 있다.

샌드위치, 샐러드

>> **점포 면적** : $33\,m^2/66\,m^2$ 이상

>> **업종 현황** : 카페형도 증가 추세이지만 테이크아웃형과 배달형의 비중이 높다. 다이어트 열풍이 불면서 가장 인기를 얻은 업종, 아이템이 샌드위치와 샐러드이다. 샌드위치는 간편한 식사 대용으로 샐러드

는 다이어트식으로 인기가 높다. 상권, 입지는 역세권, 오피스가, 대학가, 상업지역에서 선호도가 높다.

크레페, 스콘, 식빵

>> **점포 면적** : $3m^2$ 이상
>> **업종 현황** : 역세권, 지하철역사, 상업지역 소규모 상가의 입점 비율이 높다. 상가지역에서 소규모 점포라면 입점을 고려할 수 있는 업종이지만 상품력에 따라서 매출액의 차이가 크다.

주요 프랜차이즈 브랜드

커피, 카페, 베이커리, 패스트푸드의 주요 프랜차이즈 브랜드				
브랜드명	분류	점포수 (개, 2021년)	기준 면적 (㎡)	가맹사업자부담금 (정보공개서 기준)
메가 엠지씨 커피	커피	1,603	33	6,670만 원
이디야	커피	3,018	66	1억 2,913만 원
컴포즈커피	커피	1,285	33	1억 429만 원
빽다방	커피	975	33	7,987만 원
하삼동커피	커피	394	33	8,220만 원
더리터	커피	351	33	7,446만 원
더벤티	커피	761	33	7,108만 원
파리바게뜨	제과,제빵	3,429	99	3억 1,380만 원
뚜레쥬르	제과,제빵	1,298	132	3억 2,751만 원

브랜드명	분류	점포수 (개, 2021년)	기준 면적 (㎡)	가맹사업자부담금 (정보공개서 기준)
노브랜드버거	버거	169	132	3억 597만 원
프랭크버거	버거	189	50	9,135만 원
뉴욕버거	버거	116	50	1억 205원
맘스터치	버거	1,351	66	1억 2,271만 원
써브웨이	샌드위치	473	약 25평	2억 1,000만 원
샌드리아	샌드위치	53	33	1억 5,040만 원
베스킨라빈스	아이스크림	1,671	83	3억 4,017만 원
공차	디저트	833	50	1억 5,080만 원
던킨	도너츠, 커피	474	66	2억 7,187만 원
샐러데이즈	샐러드	39	33	6,210만 원
샐러드박스	샐러드	58	33	5,215만 원
채선당 도시락& 샐러드	도시락, 샐러드	71	50	9,308만 원

출처 : 공정거래위원회 가맹사업거래 및 마이프차 홈페이지(일부 자료 오차 및 착오가 있을 수 있음)

뷰티&미용(Beauty)

화장품 판매

≫ 점포 면적 : 33㎡ 이상

≫ 업종 현황 : 로드숍의 화장품 브랜드는 감소세이고, 쇼핑몰을 포함한 특수 상권 및 지하철역 상가에 입점한다. 제품은 대기업 및 중소 제조사의 기능성 및 건강, 비건 브랜드의 약진이 뚜렷한 것도 특징인데, 뷰티&헬스 전문점과 인터넷을 통한 판매가 두드러진 현상이다.

미용실

≫ 점포 면적 : 33㎡ 이상

≫ 업종 현황 : 아파트단지 내, 시장 입구에 가장 흔한 것이 미용실일

정도로 상권에 따라서 서비스의 종류와 품질에 차이가 난다. 스타일리스트, 웨딩 전문 미용숍 등으로 전문화되고 있다.

네일숍

>> **점포 면적** : 33㎡ 이상

>> **업종 현황** : 근린 상가, 역세권, 복합 상가의 1층 내면 상가 자투리 공간을 활용한 창업 사례가 많지만, 전문성이 커지면서 고층부에서 전문적인 서비스를 하는 업체들이 늘고 있다. 상가에 실력 있는 네일숍 운영자를 유치할 때 소비력이 큰 여성층 집객에 긍정적 영향을 미친다.

남성 미용실, 바버숍

>> **점포 면적** : 33㎡ 이상

>> **업종 현황** : 남성 미용실과 바버숍을 구분하는 기준은 커트 중심이 남성 미용실이고, 헤어스타일과 면도를 통해서 남성미를 표현하는 전문적인 남성 미용숍이 바버숍이라고 할 수 있다. 남성 미용실은 근린 상가 중심으로 분포하지만, 바버숍은 중심상업지역과 20~30대의 접근성이 높은 상권에 입점하는 비중이 크다.

뷰티&미용의 주요 프랜차이즈 브랜드

국내 이미용, 화장품의 주요 프랜차이즈 브랜드				
브랜드명	분류	점포수 (개, 2021년)	기준 면적 (㎡)	가맹사업자부담금 (정보공개서 기준)
블루클럽	남성 미용실	314	33	5,938만 원
나이스가이	남성 미용실	196	33	5,694만 원
리안RIAHN	미용실	448	132	9,845만 원
이가자헤어비스	미용실	120	99	1억 6,960만 원
포쉬네일	네일숍	78(2021년 5월)	33	6,990만 원
아리따움	화장품	651	43	1억 3,236만 원
네이처컬렉션	하장품	447	40	7,833만 원

출처 : 공정거래위원회 가맹사업거래 및 마이프차 홈페이지(일부 자료 오차 및 착오가 있을 수 있음)

패션, 의류(Fashion)

　패션, 의류 카테고리에서는 집객 효과가 커서 대형 상가들이 집객 효과를 위해 키 테넌트로 유치하기를 희망하는 것이 바로 기획에서부터 판매까지 일괄로 진행하는 SPA브랜드이다(앞의 키 테넌트에서 설명). 대기업 유통매장과 쇼핑몰은 이런 SPA브랜드의 집객 효과로 인해 SPA의 여러 브랜드를 층별로 동시에 유치하기도 한다. 이 외의 패션카테고리로 아웃도어, 이너웨어 등 세분화한 유형을 전문점 형태로 유치한다. 다만, 최근 패션 브랜드는 유망한 상권, 입지에 플래그숍 역할만 기대해 출점하고, 구매는 인터넷쇼핑몰에서 진행하기 때문에 점포들의 매출이 오르지 않아서 선임대를 통해서 유치할 때 임대료 협상(특히 수수료 매장의 수수료율)에 신중을 기해야 한다.

속옷 전문점

》 점포 면적 : 33㎡ 이상

》 업종 현황 : 점포형 속옷 전문점은 기능성 속옷 중심으로 판매되고, 20~30대 로드숍, 쇼핑몰, 아울렛몰에서 판매하고 온라인몰도 활발히 운영되는 업종이다.

유아복, 유아용품

》 점포 면적 : 33㎡ 이상

》 업종 현황 : 출산율 감소로 유아복, 유아용품점이 대폭 감소했다. SPA키즈, 국산 유아복과 용품점, 수입 유아용품점들이 진입하고 있다. 산후조리원, 산부인과 인근, 로드숍, 백화점, 온라인숍도 활발히 운영되고 있다.

아웃도어 의류와 신발

》 점포 면적 : 230㎡ 이상

》 업종 현황 : 쇼핑몰, 아울렛몰에 입점 비율이 높다. 여러 개의 브랜드가 동시에 진입하는 상가라면 검토가 가능하고, 상가 기획자들도 한두 개 브랜드보다는 여러 브랜드를 동시에 추진할 때 성사 가능성이 높다.

메디컬(Medical),
상담 센터, 동물병원

경쟁이 가장 치열한 카테고리로 메디컬 과목 입점이 많을 경우 상가 전체가 활성화되는 게 일반적인 추세이다. 로컬형, 거점형, 비보험이나 보험계열 병원들의 입점 상권 규모가 다르고, 같은 과목이라도 특화 과목을 중심으로 개원이 늘어나며, 형태에 따라서 상권 규모의 차이가 나기도 한다.

메디컬 현황

과목별 특징과 배후세대 및 상권, 입지 조건			
과목		배후세대 조건	비고
내과	외래진료	5,000세대 이상. 외래진료. 165㎡ 이상	외래만 전문으로 하는 의원은 감소 중임.

과목		배후세대 조건	비고
내과	내과검진센터	10,000세대 이상, 정기건강검진, 250㎡ 이상, 40대 이상 정기 건강검진	직장, 취업, 국민건강검진, 가족세대 많은 지역이 유리함(외래환자 유입). 상권 확장성이 필요함.
	신장내과	20,000세대 이상, 상권 확장성이 좋은 지역 330㎡ 이상, 주요 타깃 50대 이상 신장환자 투석	중심 상권. 상권 확장성이 필요함.
이비인후과		250㎡ 이상 중심 상권. 10,000세대 이상	상권 확장성 – 성인전문, 아동발달센터
정형외과, 마취통증과, 신경외과, 재활의학과		330㎡ 이상 – 과목별 차이가 있지만 서로 경쟁관계에 있음.	내과검진 및 타과의 진입이 활발한 상권이 유리(기존 환자의 외래 방문 패턴 확인이 필요)
정신건강의학과		120㎡ 이상, 중심상업지역	차량 지하철, 간선, 지선버스 활발한 지역
안과		지역거점에서 유리, 20,000세대 이상	50대 이상의 백내장, 녹내장 환자
피부과, 성형외과		도시형(ex : 강남역 신사역) 지역 거점형(다이어트, 필러, 보톡스)	도시형 특정 부위 전문 성형외과
소아청소년과		10,000세대(구 5,000세대)이상 –250㎡(부모, 아이들 대기공간 필요)	행정동 평균연령 35세 전후, 상권 확장성 필요
산부인과		150㎡ 이상 – 신도시 상업지역, 지하철역세권, 여성직장인 많음.	검진, 진료 중심
치과	치과	수득 수준과 경제 활동이 활발한 지역이 유리	소득 기준에 대한 판단이 필요
	소아치과	신도시 상업지역	평균연령 35세 이상 10,000세대 이상 지역
	교정치과	중심상업지역, 역세권	여성 직장인 비율이 높은 지역
	공통	메디컬 과목 중 가장 많은 약 20,000여 개가 개원하고 있어서 경쟁이 가장 치열하다. 상권이 형성된 지역의 경우 중복 개원이 많기 때문에 상가 시행사는 유치의 적합성을 검토할 필요가 있다.	

과목	배후세대 조건	비고
한의원, 한방병원	한의원, 한방병원 환자 중 가장 높은 비율은 교통사고 환자, 재활환자이다.	치과 다음으로 많은 15,000여 개가 개원하고 있어서 경쟁이 그만큼 치열하지만 상가 진입 가능성도 높다.
요양병원	수도권의 경우 평균적으로 일반 병실 최저 150병상(200병상 이상 권장) 상권, 입지 선택에서 교통 접근성이 가장 중요하다.	수도권 인구 약 50.5%가 거주하고 있지만 개원 비율은 상대적으로 낮은데, 원인은 높은 건물비용(임대료 포함) 부담과 낮은 수가로 인해서이다.
약국	50㎡이상으로 전문의약품과, 일반의약품 취급. 처방전이 많은 과목이 개원한 상가를 우선적으로 검토한다.	약 25,000개 약국이 전국에서 문을 열고 있어서 경쟁이 가장 치열하다.

출처 : 공정거래위원회 가맹사업거래 및 마이프차 홈페이지(일부 자료 오차 및 착오가 있을 수 있음)

심리상담센터

>> **점포 면적** : 130㎡

>> **업종 현황** : 아동심리에서 성인들의 가족, 부부관계까지 심리상담 솔루션과 상담치료를 병행한다. 약물과 전문적인 치료가 필요할 경우 심리상담센터에서 담당하지 못하고 정신건강의학과에 인계한다. 따라서 연계할 수 있는 정신건강의학과가 인접한 경우가 많다.

아동발달센터

》 점포 면적 : $230\,m^2$ 이상

》 업종 현황 : 의원급 메디컬에서 아동발달센터를 함께 운영한다. 감각치료, 놀이치료, 재활치료를 통해 아동의 발육 발달에 대해서 전문적인 치료를 병행한다.

동물병원, 24시 동물의료센터

》 점포 면적 : $130\,m^2$/$230\,m^2$ 이상

》 업종 현황 : 동물병원은 근린 상권에서 예방접종과 가벼운 진료를 중심으로 한다면 동물의료센터는 전문적으로 외과적 수술을 할 수 있는 시설을 갖추고, 24시간 대비 체제이다. 동물병원은 로컬의 근린 상권을 선호하고, 동물의료센터는 거점, 도시형으로 8차선 이상의 지역 간선도로에 개원하며, 1층 노상 주차장을 갖춘 상가를 선호한다.

교육(학원),
스터디카페(Education)

상가에서 학원의 가치와 종류

초, 중, 고 각 대상에 따라 학원 형태가 다르고, 일반인 대상의 어학원, 취미, 자격시험 학원들도 있다. 상가 활성화에 도움이 되는 학원들도 있지만, 그렇지 않은 형태들도 많기 때문에 각 학원들의 업종 특성을 이해할 필요가 있다. 메디컬과 학원존에 대한 이야기는 이 책에서 몇 번 언급되고 있는데, 그만큼 메디컬과 학원 유치가 상가 활성화에 도움이 되기 때문이다.

주요 학원의 특성과 상권, 입지 조건		
분야	학원	비고
학습	국어, 영어, 수학, 과학탐구, 사회탐구, 논술	보습, 대입 – 주거지 근린상가와 중심상업지역, 학원가가 중요 상권

분야	학원	비고
스포츠 외	발레, 무용, 무도(태권도, 유도, 격투기 등)	무도, 발레, 무용이 대표적인 입시 과목임. – 역세권, 신도시 중심상업지역
지능	블록, 레고, 코딩, 뇌 훈련	지능개발
예능	음악(피아노, 바이올린 등), 미술, 보컬	입시, 취미 – 주거지 근린상가와 중심상업지역, 신도시 지역이 유리
외국어	어학원(영어, 일본어, 중국어, 스페인어, 독일어), 영어유치원, 영어도서관	성인, 학생, 유아, 신도시 중심상업지역, 준주거, 지역거점상권
직업, 자격	간호, 자격증(공인중개사, 바리스타, 미용 등), 공무원	직업 및 자격증 교육, 역세권, 기존 도심 중심상업지역

출처 : 공정거래위원회 가맹사업거래 및 마이프차 홈페이지(일부 자료 오차 및 착오가 있을 수 있음)

스터디카페

≫ 점포 면적 : $330 m^2$ 이상

≫ 업종 현황 : 무인출입자, 시간 체크 시스템을 통한 관리를 채택하고 있어서 투잡을 선택하는 직장인들이나, 상가를 분양받을 경우 자가에서 수익 사업을 하려는 사람들이 선택한다. 전업으로 2개 이상 복수의 스터디카페를 운영하는 사람들도 있다고 한다. 학교가 밀집된 학원가 인근의 근린 상가 이상의 상업지역 상권이 유리하다.

학원, 스터디카페의 주요 프랜차이즈 브랜드

교육, 스터디카페의 주요 프랜차이즈 브랜드				
브랜드명	분류	점포수 (개, 2021년)	기준 면적 (㎡)	가맹사업자부담금 (정보공개서 기준)
스마트해법수학	교육	2,556	132	3,617만 원
스마트해법영어	교육	1,991	50	1,180만 원
뮤엠영어	교육	1,848	알 수 없음.	450만 원
셀파우등생교실	교육	1,554	33	337만 원
아소비	교육	1,438	66	429만 원
삼성영어셀레나	교육	1,187	69	3,250만 원
잉글리시 아이	교육	1,147	99	4,280만 원
기탄사고력교실	교육	854	알 수 없음.	349만 원
3030영어	교육	722	99	2,400만 원
윤선생 우리집앞 영어교실	교육	705	149	7,188만 원
정철어학원주니어	교육	148	330	1억 7,710만 원
청담어학원	교육	89	330	4억 4,700만 원
르하임 스터디카페	스터디카페· 독서실	246	165	1억 9,920만 원
토즈 스터디센터	스터디카페· 독서실	217	198	1억 8,480만 원

출처 : 공정거래위원회 가맹사업거래 및 마이프차 홈페이지(일부 자료 오차 및 착오가 있을 수 있음)

피지컬(Physical)&스포츠

건강 관리의 중요성이 커지면서 다양한 체력 관리 및 레포츠가 결합된 종목으로 다양화하고 있다. 성인 대상의 업종과 아동 대상의 업종, 성인, 아동이 동시에 이용하는 업종으로 나뉜다. 분명한 목적과 반복 방문의 특성이 있어서 상가의 다른 업종에도 방문 유발 효과가 있고, 상가 활성화에 긍정적이다. 다만 지나치게 소음이 발생하거나 규모에 비해서 회원 확보가 되지 않아서 수익을 맞추지 못할 경우 철수한다면 장기 공실의 위험성이 있는 업종 카테고리이다.

피지컬, 스포츠 관련 업종의 특성과 상권, 입지 조건			
종목	기본 면적(㎡)	권장 높이	비고
헬스클럽/피트니스	660㎡ / 134㎡	3m	대형 헬스클럽이 감소세이고 개인 PT룸이 증가 추세. 개인 PT는 주거지 근린 상권
필라테스/요가	134㎡	3m	필라테스는 여성, 남성층 모두 수요가 증가. 주거지 근린 상권

종목	기본 면적(㎡)	권장 높이	비고
무도	165㎡	3m	태권도, 유도, 주짓수, 권투 등 어린이 성장발달, 성인 취미, 입시 등 다양한 목적으로 수련한다.
스크린야구장	330㎡	3.5m	상업지역, 오피스가에 진입하고, 유흥시설이 밀집한 상권이 잘된다. 스크린 외 실내야구 아카데미를 함께 운영하는 경우 B급지 이하 상권이다.
스크린골프연습장	330㎡	3.5m	상업지역, 오피스가에 진입하고, 유흥시설이 밀집한 상권이 잘된다.
실내축구	330㎡	3.5m	어린이와 여성 대상 운영 사례가 많고 운영 경험자들이 창업하므로 인접 지역 축구교실 운영자를 통한 프로모션이 필요하다.
실내테니스	330㎡	4m	테니스 마니아층, 초보가 배우려는 경우가 있다. 안정적인 수익을 위해서 상권에 적합한 경기장 면수 확보가 중요하다. 층고는 높을수록 좋다.
실내농구장	330㎡	4m	어린이 성장발육이 목적인 경우가 많다. 층고가 무엇보다 중요하다.
실내배드민턴	330㎡	4m	성인 취미, 체력 증진 목적이 많다.
줄넘기	132㎡	3.5m	어린이 성장발육에 초점을 두고 운영된다. 초등학생 집중지역이 유리하다.
인공암벽	실내/실외	10m/ 4.5m	실외 인공암벽 운영은 스포츠시설로 실외에 운영하고, 사설업체의 경우 실내 암벽을 설치하고, 교육과 장비 판매, 투어를 운영한다.

※ 시설 기준은 전문업체나 프랜차이즈 본사와 협의를 해야 한다.

※ 지방자치단체 및 공공기관이 운영하는 체육시설이 증가 추세이므로 경쟁이 될 수 있는 민간 및 공공의 시설현황에 대한 검토가 필요하다.

피트니스, 스포츠의 주요 프랜차이즈 브랜드				
브랜드명	분류	점포수 (개, 2021년)	기준 면적 (㎡)	가맹사업자부담금 (정보공개서 기준)
점핑하이	다이어트, 헬스	401	99	5,472만 원
골프존파크	골프	1,766	정보 없음.	1억 2,382만 원
리얼야구장	스크린야구장	84	330	4억 2,951만 원
스트라이크존	스크린야구장	124	396	4억 3,778만 원

출처 : 공정거래위원회 가맹사업거래 및 마이프차 홈페이지(일부 자료 오차 및 착오가 있을 수 있음)

문화&오락
(Culture&Play)

PC방, 노래방, 영화관, 복합영화관 당구장, 만화카페 등 문화 오락과 관련된 카테고리이다. 여가를 즐기기 위한 업종으로 해당 업종과 음식, 주점, 카페 업종과 연계되기 때문에 함께 입점한 상가에 상승 효과를 줄 수 있다.

코인노래방

»» 점포 면적 : $100m^2$ 이상

»» 업종 현황 : 코로나19 이후 가장 어려워진 업종 중 하나로 회복이 되기 위해서는 상당한 시일이 소요될 가능성이 크고, 특히 침체된 유흥, 위락 업종을 유치했을 경우 다른 업종이 해당 상가 전체에 입점을 기피할 가능성이 크므로 상가 기획자들은 침체에 빠진 업종을 유치 시

에는 업종의 경기 상황을 고려해야 한다.

만화카페

>> **점포 면적** : 165㎡ 이상으로 주로 상가의 상층부에 위치한다.

>> **업종 현황** : 만화를 좋아하는 사람들을 위한 휴식 공간으로 조리음식을 취급하기 때문에 휴게음식점으로 허가가 가능해야 한다. 다중이용시설에 대한 인허가가 강화되는 추세이고, 안정적인 신간 공급이 중요해 신규 창업자는 개별 독립점보다 프랜차이즈 창업을 선호하는 추세이다.

문화, 오락의 주요 프랜차이즈 브랜드

문화, 오락의 주요 프랜차이즈 현황				
브랜드명	분류	점포수 (개, 2021년)	기준 면적 (㎡)	가맹사업자부담금 (정보공개서 기준)
만화카페 놀숲	만화카페	138	231	2억 1,620만 원
만화카페 벌툰	만화카페	90	132	1억 8,340만 원
세븐스타코인 노래연습장	노래연습장	182	132	1억 5,990만 원
락휴노래연습장	노래연습장	109	132	1억 7,200만 원

출처 : 공정거래위원회 가맹사업거래 및 마이프차 홈페이지(일부 자료 오차 및 착오가 있을 수 있음)

전자양판점&자동차영업소
(Elec&Car)

　도시나 지역의 상권 초입에 위치한다는 공통적인 특성이 있다. 여러 브랜드가 중복해 출점하는 특징이 있는데, 이것은 경쟁도 하지만 상호 보완 관계로 특정 업종으로 인해서 상권 집중성이 커지는 효과가 있다. 전자양판점으로는 삼성디지털프라자, LG베스트숍, 롯데하이마트가 있고, 자동차영업소의 경우 국내 자동차영업소뿐만 아니라 수입자동차영업소는 지역이나 도시 주민들이 집중되거나 이동하는 핵심 도로에 함께 진입해 경쟁도 하지만 상권의 집중성을 크게 한다. 전자양판점은 1,000㎡ 전후이고, 자동차영업소의 경우 전시장과 사무실을 분리해 1, 2층을 함께 사용하는 구조가 많고 면적은 330㎡ 이상이 많다.

공공서비스&종교
(Public&Religion)

도시 상권의 집중성이 커지면서 공공기관도 개별적으로 부지를 확보해 지을 경우 높은 비용이 들기 때문에 민간 건물을 임차해 사용하는 곳이 증가하고 있다. 상가에서는 공공기관을 유치 시 인지성과 상징성이 크기 때문에 상가 홍보에 유리한 기관도 있지만, 지역 주민의 방문 빈도가 낮아서 상가 활성화에 크게 도움이 되지 않기도 한다. 대표적으로 상가 상징성이 높은 기관은 주민센터이다.

아일랜드 매장
(Island Store)

대형 상가가 증가하면서 계획 단계에서 내부 통로에 섬과 같은 매장을 설치해 집객력을 높이려는 목적으로 개설된 매장이다. 주로 식음료와 잡화, 소품, 기념품 등을 팔지만 상가의 입주율이 떨어져서 공실이 많은 상가의 경우 아일랜드 매장이 애물단지가 될 수 있다. 분양 상가의 경우 아일랜드 매장도 분양해 상가 투자자의 등기가 이루어지므로 철수도 쉽지 않은 특징이 있다. 대형 상가 기획자들이 상가의 규모를 기획할 때 분양, 임대 수익만을 염두에 두고 아일랜드매장을 기획하지만 상가에 부정적 영향을 미칠 수 있다는 사실을 명심해야 한다.

팝업 매장
(Popup Store)

팝업 매장은 브랜드 측에서 시장의 반응이 확실하지 않을 경우 임시로 출점해 반응을 보기 위해 단기로 출점하는 매장을 말한다. 상권마다 상가 공급 과다, 배후세대 입주 불균형으로 공실이 증가하고 있다. 해결 방안은 임대료를 낮추거나, 임대료 면제 기간을 주는 렌트프리로 해결할 수 있으나, 단기 임대를 통해서도 해결할 수 있다. 단기 임대는 월간이나 6개월, 1년 단위로 계약하게 되는데, 일반적인 '깔세 매장(보증금 없이 일 단위, 월 단위로 임대료를 선납으로 지불하는 형태)'으로 볼 수도 있지만, 상가 활성화를 위해서 특정한 업종을 염두에 두고 유치한다. 일반적으로 기본적인 인테리어는 시행 분양사에서 담당하고 내부 디스플레이와 간판은 입점하는 업체 측에서 담당한다. 팝업 매장에 진입하는 업종은 주로 소매 의류, 잡화에 집중된다. 시행 분양사로서는 공실 해소와 다양한 소비자 집객에 유리하므로 적극적으로 고려해볼 수 있는 상가 활성화 수단이다.

기타 업종 카테고리
(Etc. Store)

고객의 라이프스타일에 따라서 리테일과 라이프스타일 카테고리로 분류하는 업종이 많다.

무인 점포(무인 아이스크림, 무인 밀키트, 과자, 편의점, 카페, 세탁편의점)

»» 점포 면적 : 33~50㎡가 많다.

»» 업종 현황 : 사업성을 기대하고 추진하는 분들이 많지만, 무인 점포라고 해서 쉽게 결정하고 추진하는 경향이 있다. 그러나 상시로 사람의 관리가 필요하고, 단일 점포 운영으로는 수익을 기대하기 어렵다. 따라서 무인 점포를 사업성을 기대하고 운영할 경우에는 여러 개의 점포를 동시에 운영하는 경우가 많다(1인이 3~5개 운영). 또한, 수익성을 위해서 무인 점포 내에 숍인숍 형태의 운영이 증가하고 있는 것도 공통적

인 특징이다(세탁편의점과 함께 무인 카페, 셀프주유소, 무인 편의점, 밀키트, 무인 세탁편의점, 무인 아이스크림, 무인 과자판매점 등 협업이 가능한 업종을 결합한 형태도 증가하고 있다).

　무인 점포의 또 다른 사례 중 하나는 구분상가 수분양자나 건물주가 장기간 상가 공실을 해소하기 위해서 무인 점포를 운영하는 경우이다. 이 경우 임차해 창업을 고려하는 창업자들은 지나치게 1층 무인 점포가 많은 상가는 피하는 게 좋고, 임대인은 유인 업종을 유치하거나 유치가 어려울 경우 구분상가는 매각 계획을 세우는 것이 좋다.

꽃집

　≫ 점포 면적 : $33m^2$ 이상이 많다.

　≫ 업종 현황 : 꽃다발만 전문으로 하는 꽃집과 화환, 화분 등을 전문으로 하는 꽃집 두 가지 형태로 나뉜다. 꽃다발 전문은 20~30대 상권이 많고, 화환, 화분은 역세권, 근린 상가, 중심상업지, 준주거 상가 중에서 자투리 공간을 활용한 곳이 많다. 근린 상가에서 플로리스트 교육을 겸해 꽃집을 운영하는 사례가 있기 때문에 상가 기획자들은 상권, 상가에 맞는 유치 전략이 필요하다.

전자담배 상가

　≫ 점포 면적 : $33m^2$ 이상

>> **업종 현황** : 완전한 금연을 하지 못해서 전자담배의 도움을 받으려는 사람들이 많다. 로드숍뿐만 아니라 복합 상가의 내면 상가 중 $33m^2$ 미만 자투리 공간이 있다면 전자담배 판매 공간으로 시도해도 좋다.

수선집

>> **점포 면적** : $33m^2$ 이상
>> **업종 현황** : 간단한 의류 수선집에서부터 명품 수선집까지 세분화된다. 명품 수선일 경우 명품 중고숍과 함께 위치해 30~40대 여성 직장인이 많은 지역이 유리하다. 의류 수선의 경우 아울렛 쇼핑몰 내나 지역 근린 상가의 아파트 단지 내 상가에 위치한다. 전면 가시성, 접근성이 좋은 점포가 유리하지만 수선집이 많이 분포하는 업종이 아니므로 내면 상가나, 지하, 2층 상가 모두 입점이 가능하다.

자전거 판매 수리점

>> **점포 면적** : $50m^2$ 이상이면 공간 분할이 가능하다.
>> **업종 현황** : 주요 입지는 도시 내 자전거길로 진입하는 상업지역 준주거지역 상가 중에서 수리를 위한 공간 활용이 가능한 상가를 선호한다. 판매 자전거의 보관을 위한 창고를 별도로 두는 경우도 있지만 층고가 높은 상가를 선택해 공간의 상층부를 자전거와 설비를 보관하는 공간으로 구성하는 사례가 많다.

무인 점포 및 기타 업체의 주요 프랜차이즈 브랜드

무인 및 기타 업종의 주요 프랜차이즈 브랜드				
브랜드명	분류	점포수 (개, 2021년)	기준 면적 (㎡)	가맹사업자부담금 (정보공개서 기준)
크린토피아	세탁	2,834	50	1억 2,453만 원
월드크리닝	세탁	483	50	9,655만 원
크린에이드	세탁	354	59	1억 3,102만 원
화이트셀프빨래방	세탁	49	정보 없음.	5,700만 원
이마트24스마트	무인 편의점	34	33	1억 550만 원
바른찌개 밀키트	밀키트	31	23	4,006만 원
오밀당	밀키트	54	33	5,020만 원
카페일분	무인 카페	16	30	5,182만 원
포토시그니처	셀프포토	26	33	1억 581만 원

출처 : 공정거래위원회 가맹사업거래 및 마이프차 홈페이지(일부 자료 오차 및 착오가 있을 수 있음)

MD 구성 상가의
사례 분석

서울 마포구 합정동 메세나폴리스
– 스트리트 상가 유형

- 주소 : 서울 마포구 양화로 45 메세나폴리스
- 용도지역 : 일반상업지역
- 건물 용도 : 공동주택(아파트), 문화 및 집회시설, 판매시설, 근린생활시설
- 건물 규모 : 공동주택(617세대 포함), 주상복합형 스트리트 상가동
- 사용승인일 : 2012. 7. 19

합정역 메세나폴리스의 상권 현황

서울 마포구 합정동의 메세나폴리스는 2012년 7월 입주가 시작된 도심의 대표적 주상복합형 스트리트 상가로 계곡을 모티브로 시행된 상가이다. 상가동은 지하 2층 홈플러스를 비롯해, 지상 2층까지가 핵심 근린생활시설로 구성되었다. 상권은 서울 순환선인 2호선과 동서 연결 노선인 6호선이 환승하는 합정역과 메세나폴리스 지하 1층에서 직접

적으로 연결된다. 배후에는 홍대 상권과 최근 몇 년 사이 핫플레이스로 부각된 망원동 상권이 있고, 강변북로, 올림픽대로가 연결되어 서울 및 수도권 동서 연결과 파주, 일산의 시외버스 경유 및 출발로 인해 상권 확장성이 좋은 것이 합정역 상권의 장점이다.

　메세나폴리스 상가는 최근 입주 초기의 MD 구성에서 트렌드와 테넌트 변화를 겪고 있다. 다만, 상가의 MD 구성을 하는 기획자나, 주상

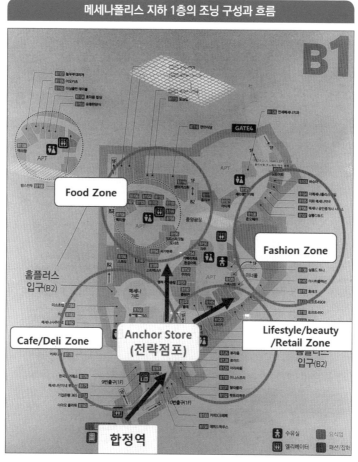

출처 : 메세나폴리스 안내도

복합형 상가의 구분상가 투자자들은 상가의 내부 조닝 구성, 카테고리, 업종, 브랜드의 진입 상황을 참고하면 도움이 될 것이다. 여기서는 합정역에서 메세나폴리스와 직접 연결되는 지하 1층의 MD 구성을 살펴보기로 한다.

합정역에서 메세나폴리스 상가로 진입하는 초입에서 광장까지는 집객력이 높은 앵커스토어(전략 점포)를 배치하고, 좌측으로 '맛있는 거리', 우측으로 '패션 거리'를 조성했다. 내부에 스타벅스와 스타벅스R을 동시에 진입시킨 것도 집객력 높은 전략점포의 활용을 위해서라고 볼 수 있고, 지하 1층에서 지하 2층의 라이프스타일 리테일인 홈플러스를 유치한 것도 결국은 집객력을 높이는 것이 목적이다. 특히 합정역 진입 초입에 위치한 꽃집이나 패션&잡화를 집중 배치한 것도 집객 목적이 강하다고 볼 수 있다.

메세나폴리스 B1층 MD 구성

다음은 메세나폴리스 상가 안내에 나온 카테고리와 업종, 브랜드들이다. 이 상가의 구성을 살펴보면 실제 도심형 스트리트형 상가의 MD 구성이 어떻게 이루어지고 있는지 이해할 수 있다. 상가 안내는 3개 카테고리 Food, Fashion, Life를 기준으로 하고 있다.

메세나폴리스 B1층(Food)

도시효모	마르네	행복가마솥밥	쿠차라	리피	스타벅스
한국술바틀숍	와인, 와인셀러	가마솥밥	멕시칸음식	브런치&커피	커피, 케이크, 차
투썸플레이스	메머드커피 익스프레스	미홍	정칼	GOAT	스타벅스R
커피, 디저트	커피, 메이드, 프리페	수제떡, 떡케이크	칼국수, 수육		커피, 브레드
서가앤쿡	크리스피 크림도너츠	방스만두	유쾌한양식	효자동밥상	더심플한 테이블
패밀리 레스토랑	도넛, 커피	고기만두, 튀김만두	스파게티, 피자, 스테이크	뚝불고기, 황태구이	숯불제육, 닭갈비
이오카츠	놀부부대찌개	백리향	순남시래기	등촌동 샤브샤브	마라홀릭
돈가스, 돈부리, 카레	부대찌개	중화요리	시래기국, 도마수육	칼국수, 샤브샤브	마라탕
행복은간장밥	포삼팔	연안식당	생어거스틴	아티제	세라젬웰커피
캐주얼한식	칼국수	한식	아시안푸드	베이커리, 음료	카페

메세나폴리스 B1층(Fashion)

바슈어	더메세나 폴리스네일	살롱디듀드	에잇세컨즈	로프트490#	나이키
여성의류	네일, 속눈썹, 풋스파	패션의류	패션의류, 액세서리	패션의류, 수제구두, 가방	스포츠의류, 신발,잡화
ABC마트	뷰라움	로이드	아리따움	이니스프리	에벤에셀

멀티스포츠 슈즈	안경, 콘택트렌즈	골드, 준보석판매	화장품 및 향수	화장품	피어싱, 액세서리, 잡화
살롱드하나	아사히컬렉션	히크	카멜	스파오	올리브영
메이크업, 헤어스타일링	수입여성화, 가방	패션	여성의류	의류, 잡화	뷰티& 헬스용품

메세나폴리스 B1F(Life)

이아모플라워	이화메세나 약국	메세나 공인중개사	준오헤어	휴테크	오디너리웍스
꽃, 식물, 조화	약국	부동산	미용실	안마의자	홈인테리어
조은뮤직	KT올레	자주	더바디샵	기업은행365	메세나단지내 부동산
음반, 디자인문구	이동통신	홈데코, 가구, 침구	스킨케어	ATM	부동산
한국금거래소	합정수선집	메세나 사주타로	세븐일레븐	연세메세나 치과	
골드바, 순금 제품판매	의류수선	사주, 타로	편의점	치과	

출처 : 메세나폴리스 상가 안내, 저자 작성

앞서 상가 안내에서는 3개 카테고리 범위로 업종, 브랜드를 배치하고 있지만 좀 더 세분화해 메세나폴리스 MD 구성을 분석해보았다 (2023. 9. 27 기준).

» Food : 전문 메뉴뿐만 아니라 주로 간편하게 먹을 수 있는 캐주얼 푸드 중심으로 진입하고 있고, 지하 1층에서 가장 점포수가 많은 업종이다.

>> **카페**(커피) : 스타벅스를 비롯한 중소형 커피집과 베이커리, 디저트 전문점이 다양하게 진입하고 있다.

>> **패션&뷰티** : SPA브랜드인 에잇세컨즈와 스파오, 고객의 충성도가 높은 대표적인 신발 판매 브랜드인 ABC마트가 진입하고 있다. 뷰티 브랜드 중에서 대표적인 헬스&뷰티 상품을 판매하는 올리브영과 화장품 브랜드 아리따움, 이니스프리가 입점하고 있다.

>> **라이프스타일** : 생활&편의 업종으로 편의점, 부동산, 약국, 치과, 수선집 등이 있다. 지하 2층의 생활편의 업종 중 집객력이 큰 홈플러스가 입점한 것이 상가의 장점이다.

위례신도시
위례중앙타워

- 주소 : 성남시 수정구 위례 광장로 300
- 용도지역 : 일반상업지역
- 건물 용도 : 판매시설, 1, 2종 근린생활시설, 업무시설, 종교시설, 교육연구시설
- 건물 규모 : B6~14F
- 사용승인일 : 2017. 6. 2

위례신도시의 상권 현황

신도시를 개발할 때 하나의 행정구역을 기반으로 개발하기도 하지만, 2개 이상의 행정구역에 걸쳐서 개발되는 사례가 많다. 세종시와 같이 행정중심도시의 경우 정치적 선택으로 2~3개 행정구역에 걸쳐서 개발되기도 하지만 수도권 신도시는 개발비용 중 토지 보상과 부지 조

성에 편익이 가장 높은 곳을 선택하다 보니 불가피하게 2~3개 행정구역에 걸쳐서 개발하기도 한다. 대표적인 도시가 위례신도시로 강남권과 인접한 지역에 주거지를 개발할 목적으로 부지를 찾다가 당시 군부대 부지였던 이곳을 선택해 행정구역이 서울시 송파구, 성남시 수정구, 하남시의 3개 행정구역에 걸쳐 있다. 신도시의 명칭은 위례신도시로 불리고, 행정구역은 서울 송파구 위례동, 성남시 수정구 위례동, 하남시 위례동이 별도 행정동이 되었고, 전체 인구는 126,000여 명에 이른다 (2022. 12. 31 기준).

다만 3개 행정구역으로 나뉘지만 상권 구성은 남위례역(도시계획 시 우남역)에서 트램라인(미시행)을 따라서 북으로 길게 도시가 형성되고, 중심부에 3개 행정구역 주민이 모두 접근할 수 있는 중앙광장을 두고 이곳에 중심 상권을 조성했는데, 그 핵심 상가가 위례중앙타워이다.

위례신도시 위례중앙타워 B1~2층 상가 구성 현황 분석

위례중앙타워 주변 상가의 MD 구성은 주거지가 인접해 위락, 숙박 시설 진입은 허용되지 않지만 위례신도시 주민들이 생활과 직접적으로 이용할 수 있는 근린생활시설은 대부분 진입하고 있다. 특히, B1~2층은 주민생활과 밀접한 생활소비가 가능한 대부분 업종이 진입하고 있어서 이곳 진입 업종을 분석해보면 일반적인 상가의 저층부에 어떤 업종을 유치해야 할 것인지 배울 수 있다. 다음은 3개 층의 상호와 판매하고 있는 상품에 대한 안내이니 유사 상권의 저층부에 MD 구성을 할 때 참고하기를 바란다.

분류					현황			
B1F	상호명	더스윙블랙	바로고기획	김집사FMC	서울칩	파리공방카페	코인노래연습장	샤이비나
	취급상품	스크린골프	배달, 라이더	아파트관리	간식마켓	커피, 디저트	코인노래방	미국남부식
	상호명	위례휴대폰성지	떡볶이닭강정	칭다오	베이커리브레드	비타민	메종드R	호식당
	취급상품	이동통신	떡볶이, 닭강정	중국집	베이커리	옷가게	옷가게	덮밥, 짬뽕
	상호명	한사리감자탕	쭈꾸미쓰코다리	베스트필침구	GS슈퍼마켓	채움찬	밀키밍키	누눅스
	취급상품	감자탕	쭈꾸미, 코다리	침구류판매	슈퍼마켓	반찬가게	강아지옷(?)	여성의류
	상호명	모카눌레	김집사BIKE	라인핏점핑	남도밥상	중앙서점	호오탕훠궈	LV브로우
	취급상품	디저트카페	아파트관리	피트니스	한식	서점, 문구	샤브샤브	미용관리
	상호명	오마뎅	모앤플라워	과일나라채니	위례미소약국	월드크리닝수선	MONTE	마블푸드
	취급상품	분식, 튀김	꽃집	과일도시락, 빙수	약국	옷수선집	화덕피자	한식, 분식
1F	상호명	빽다방	놀짱오락실	란돌트아이케어	뚜레쥬르	컴포즈커피	LG유플러스	KT300텔레콤
	취급상품	커피	추억오락실	명품일본안경	제과, 제빵	커피	이동통신	이동통신
	상호명	오늘와인한잔	MAKANAI	커피인류	이두부야	샐러드박스	메멜트	공차
	취급상품	와인주점	라멘전문점	커피	두부, 식품	샐러드숍	치즈판매	카페
	상호명	블루스톤주얼리	다온약국	채소다반찬	위례떡집	신세계축산	카츠멘야	중앙타워부동산
	취급상품	주얼리숍	약국	채소,반찬	떡집	정육점	일본식라멘	부동산
	상호명	마타디베이커리	세븐일레븐	흥부네	취향마라탕	카즈카	커스텀커피	홀썸치킨
	취급상품	베이커리	편의점	채소가게	마라탕	–	커피	치킨
	상호명	셀렉토커피	바다로피쉬마켓	야끼화로	우리은행ATM	위례금거래소	OG버거	하나은행
	취급상품	커피	테이크아웃횟집	화로구이전문	우리은행	금거래소	버거전문	하나은행
	상호명	신한은행	투썸플레이스	페르카와인숍	포토스미스사진관	겨울봇짐	사랑이네생선가게	윤블랑제리
	취급상품	신한은행	커피	와인판매점	사진관	속옷판매점	생선판매	식빵판매

위례중앙타워 B1~2층 MD 구성 분석 (2023. 4. 29)

분류		현황						
2F	상호명	아이디헤어	아베끄네일	성성칼국수	이디야커피	아이포	대알리딜라이트	에이팩스영어
	취급상품	미용실	네일숍	칼국수	커피	베트남음식	스파게티	영어교육
	상호명	으뜸플러스안경	카츠네	신한은행	하나은행	우리은행	세레니끄	카페사운드인
	취급상품	안경점	돈가스, 분식	신한은행	하나은행	우리은행	피부관리	카페
	상호명	우주숍비누공장	엘랑	윰숍	스마이즈	로드드레시	라벨레트	미술교습소
	취급상품	수제공방	패션의류	네일숍	여성의류	의류, 패션	–	미술교육
	상호명	SM헤어	더테일러맞춤정장	나라라스타일	CELINA	비쿨식스	별사주타로	
	취급상품	미용실	맞춤양복	여성의류	패션의류	의류편집숍	타로카페	

출처 : 위례중앙타워 상가 안내, 저자 작성

서울 마곡지구 발산역
힐스테이트 에코마곡오피스텔 상가
– 직장인 출퇴근 동선을 고려한 상가의 MD 구성

- 주소 : 서울 강서구 공항대로 269-15
- 용도지역 : 일반상업지역
- 건물 용도 : 업무시설, 근린생활시설
- 건물 규모 : B6~14F/(1~3F : 근린생활시설, 4~14F : 오피스텔 496세대)
- 사용승인일 : 2016. 4. 14

마곡지구 상권 현황도

마곡지구는 지식산업과 연구 중심의 산업단지, 주거지를 기능으로 현재로서는 서울에서 마지막으로 개발된 사업이다.

마곡지구 상권 현황도

출처 : 카카오지도

마곡지구는 동서로 강서로-방화대로가 있고, 남북으로 양천로-공항
대로, 중심부에 마곡중앙로와 마곡중앙5로를 따라서 상권과 기업, 주
거지인 아파트가 개발되었다. 기업 입주가 많아서 상권은 지구 내의 기
업, 주거지(M밸리)의 위치와 마곡지구를 지나는 지하철 5호선과 9호선
의 영향을 직접적으로 받는다. 5호선의 경우 발산역-마곡역이 있고,
9호선은 양천향교역-마곡나루역-신방화역이 있다. 이 중 9호선 신방
화역은 M밸리와 방화동 주민이 이용할 수 있는 근린생활시설 중심이
고, 양천향교역의 주변 직장인들은 발산역의 이용 빈도가 높고, 가양1
동 주민들은 9호선 급행이 정차하는 가양역을 이용한다.

힐스테이트 에코마곡오피스텔의 상가 MD 구성

마곡지구 내 직장인들이 적극적으로 이용하는 상권은 발산역과 마곡나루역이다. 이 중 발산역 힐스테이트 에코마곡오피스텔 상가는 주상복합형으로 LG사이언스파크와 주변 직장인들의 직접적인 출퇴근에 영향을 받는 상가로 음식점, 주점, 카페의 진입이 가장 잘 구성된 상가이다. 1~3F은 근린생활시설, 상층부는 오피스텔로 구성되었다. 이 중 1~2F은 직장인들의 출퇴근과 점심시간에 이용 빈도가 높은 Food, Pub(주점) 업종과 브랜드가 집중 입점하고 있다.

다음은 힐스테이트 에코마곡오피스텔 상가의 1, 2층 입점 현황으로 직장인이 많은 오피스나 역세권 상권에서 음식점, 주점 MD 구성에 어려움을 느끼는 분이라면 참고할 만하다. 단, 발산역은 수도권 신도시 상가 중에서 분양가가 가장 높은 지역이었다는 점을 감안해야 한다.

힐스테이트 에코마곡오피스텔의 근린생활시설 안내

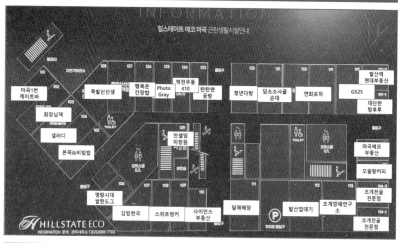

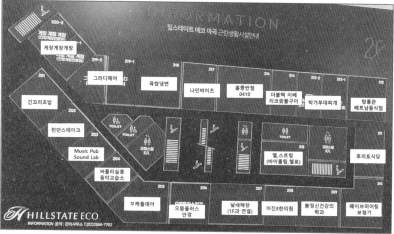

출처 : 힐스테이트 에코마곡오피스텔 상가 안내, 저자 작성

김포시 운양동 운양프라자
- 신도시 근린 상가형

- 주소 : 김포시 김포한강11로 288-19
- 용도지역 : 근린상업지역
- 건물 용도 : 1, 2종 근린생활시설, 업무시설, 교육연구시설, 운동시설, 노유자시설
- 건물 규모 : B3~9F
- 사용승인일 : 2014. 5. 12

김포시 운양동 상권 현황

김포시 운양동의 인구는 49,194명으로 풍무동, 김포본동 다음으로 김포시에서 인구가 많다(2023. 9. 30 기준). 평균연령 38.3세로 김포시 전체보다 3.1세가 낮아 행정동(읍, 면) 중에서 가장 낮다. 세대당 인구는 2.65명으로 젊은 가족 구성원이 많이 거주하는 지역이다. 또한 주거 형

태는 대부분 민영 아파트로 김포의 강남으로 불릴 정도로 안정적인 소득을 가진 인구들이 많이 거주한다. 이런 긍정적인 면과 함께 김포시 전체 상권과의 관계를 검토해보면 김포 한강신도시에서 가장 먼저 형성된 장기동 상권과 중심상업지역이 형성된 구래동 상권이 도시철도로 연결되어 영향을 받고, 급행버스를 통한 서울 접근성이 좋기 때문에 거주자의 대부분이 서울에서 경제활동을 하고, 그 영향을 받는다.

김포시 운양동 운양프라자의 MD 구성

김포시 운양동 운양프라자 안내			(2023. 1. 3 기준)	

운양프라자 INFORMATION

9F	901 히숍Cafe/우양순복음교회	관리사무소
8F	801 외대HS어학원 / 803 이세돌 바둑학원 / 804 / 807 키즈헤어 / 808 챔넘수학학원 / 809 풋 톡 스 / 810	804 키즈팰리스 (키즈 수영장) / 810 마마몽떼 몬테소리
7F	701 심스 어학원 / 703 위드학원 / 704 / 705 SM 복싱클럽 / 707 곰국어 / 708 C.M.K학원(수.중.국.논) / 710	705 SM 복싱클럽 / 710 뉴욕실용음악학원
6F	601 예건YTS태권도&스포츠 / 603 새이교회 / 604 본수학학원 / 605 키즈카페 점핑플레이도시 / 607 예건YTS / 609 기탄시고력교실 / 어썸 로쿠주니나무팡 / 610	605 키즈카페 점핑플레이도시 / 610 하늘소리 피아노학원
5F	501 초중 영수 오름학원 / 503 이화음악학원 / 504 목동키 국영수학원 / 506 청'S언어심리센터 / 507 아트피아미술학원 / 508 과학러닝센터 / 509 범수학 / 510 플레이팩토 / 511 숲칼프 두피 피부	506 청'S언어심리센터 / 511 숲칼프 두피 피부
4F	401 연 세 엘 치 과 / 403 경희 솔 한의원 / 405 마인발레학원 / 407 본음악학원 / 408 토탈성장관리 롤 앤 핏 / 411 마인플러스&NGO	405 마인발레학원 / 411 마인플러스&NGO
3F	301 코코키즈 / 302 더함·전통마사지 / 304 러블리엔 / 305 히어로보드게임카페 / 307 김기옥스킨케어 / 308 대웅산업개발(주) / 309 스타노래연습장	305 히어로보드게임카페
2F	201 가브리엘헤어소망 / 202 네일팩셔널 / 203 더건호 헤어살롱 / 204 뷰가거리하는곳 / 205 네일어반 / 206 공간샘 / 207 투썸플레이스 / 209 몽키파스타 / 210 피게람꼬기랑 / 211 킨가츠 / 211	206 공간샘
1F	101 컴포즈커피 / 102 꽃잎만두 / 103 알파문구 / 105 쉐프엠 / 108 맘스터치 / 106 글라스타안경원 / 109 맥내밀집건어물 / 110 양계장집아들 / 111 우리집 / 114 604 AVENUE / 112 투썸플레이스 / 115 102베이커리 / 116 양계장포차	114 604 AVENUE
B1~B2	지하주차장	

출처 : 운양프라자 상가 안내, 저자 작성

분류	현황				
9F	교회			관리사무소	
8F	교육(어학원, 바둑, 수학, 몬테소리)	풋톡스(다이어트)	플레이(어린이수영장)		뷰티(키즈미용)
7F	교육(유학원, 입시, 국어, CMK학원, 실용음악)	피지컬(복싱클럽)			
6F	피지컬(태권도&스포츠)	교회		교육(수학, 영어, 사고력, 미술, 피아노)	
5F	교육(영어, 수학, 음악, 국영수, 미술, 과학, 사고력)	심리상담센터	뷰티(피부관리)		
4F	메디컬(치과, 한의원)	교육(음악, 발레)		피지컬(성장관리)	심리상담센터
3F	리테일(키즈용품)	뷰티(마사지, 스킨케어)	라이프스타일(사진관)	컬처(노래방, 게임카페)	오피스(사무실)
2F	투썸플레이스 ↑	뷰티(미용실, 네일숍)	푸드(파스타, 고기집, 돈가스)	교육(스터디카페)	
1F	카페(투썸플레이스)	베이커리	펍(포차주점, 치킨호프)		
	카페(스몰커피)	캐주얼푸드(만두, 가정간편식)	리테일(문구, 안경점)	패스트푸드(햄버거)	

김포시 운양동 운양프라자 상가 구성 분석 (2023. 1. 3 기준)

출처 : 저자 작성

운양동 상권 상가의 입점 업종을 조사해보면 근거리에서 활성화되는 학생층을 대상으로 한 다양한 학원과 학부모들을 위한 업종, 브랜드의 진입이 활발하다는 것을 알 수 있다. 운양프라자도 그중 하나로 저층부에 카페와 Pub(주점)이 있고, 상층부에서 가장 눈에 띄는 것이 학원과 자녀 성장, 어머니들의 휴식과 미용 관련 업종들의 진입이 활발하다는 것이다. 평균연령이 젊고, 가족 세대 거주가 많은 지역의 근린 상가의 MD 구성에서 어떤 업종을 유치할것인지 고민하는 사람들이라면 참고할 만한 상가이다.

서울 서대문구 북가좌동 성공타워
- 뉴타운 지역 근린 상가

- 주소 : 서울 서대문구 수색로 56
- 용도지역 : 3종 일반주거지역
- 건물 용도 : 1, 2종 근린생활시설, 업무시설, 운동시설
- 건물 규모 : B3~6F
- 사용승인일 : 2014. 12. 26

상권 현황과 MD 구성 포인트

2000년도 이후 낙후된 서울의 주택가를 재개발하기 위해서 시작한 사업이 뉴타운 사업이다. 가재울뉴타운도 그중 하나로 서대문구 모래내시장과 남가좌동, 북가좌동 일대의 재개발사업으로 진행되었다. 뉴타운으로 지정되어 구역마다 재개발이 진행되었고, 아파트가 입주하면

가재울뉴타운 아파트 분포도

거북골로 북쪽
7651세대

거북골로 남쪽
9,645세대

금모래신협
북가좌지점

금모래신협
백련지점

추천입지
가재울사거리

금모래신협
본점

북가좌동 서부
69세대(2008. 2)

DMC두산위브
235세대(2007. 2)

DMC센트럴아이파크
1061세대(2018. 12)

DMC미안클라시스
1114세대(2000. 12)

DMC에코자이
1047세대(2019. 12)

DMC현대
213세대(2000. 9)

DMC휴먼빌
197세대(2008. 12)

DMC 아이파크
362세대(2009. 3)

레미안루센티아
997세대(2020. 2)

DMC해가온
99세대(2007. 7)

북가좌삼호
516세대(1996. 2)

DMC센트레빌
473세대(2010.1)

DMC쌍용스윗닷홈
110세대(2005. 1

월드컵현대
254세대(1998. 11)

DMC한양
660세대(1987. 8)

남가좌현대
1155세대(1999. 5)

신일해피트리
111세대(2005. 10)

DMC래미안 E편한
세상 3293세대
(2012.10)

DMC파크뷰자이 2차
1432세대(2015.10)

DMC파크뷰자이 3차
284세대(2015. 10)

레미안남가좌2차
503세대(2005. 10)

DMC파크뷰자이 1차
2407세대(2015. 10)

DMC파크뷰자이 4차
114세대(2015. 10)

DMC금호리첸시아
450세대(2022. 7)

창덕여메빌 109세대
(2005. 10)

출처 : 카카오지도

서 그에 따른 주민들의 편의를 위한 근린 상가들도 조성되었다. 가재울
뉴타운의 상가 구성은 동서로 연결된 거북골과 명지대앞, 가재울미래
는 아파트 주민의 접근성이 높아서, 도로를 따라서 아파트 앞에 연결된
연도형 상가와 플라자형 근린 상가로 구성된 것이 특징이다. 입주 업종
은 주민생활과 밀접해 소비가 빈번한 마트와 캐주얼푸드, 생활소비 업
종과 초등학생 대상의 보습, 취미학원의 진입이 높다.

6F	601	Daisan Trading Corp.	602	유투엠 수학학원	603	서대문플라즈마학원 고등관(수학·과학)	604	스마트 한의원
	605	바디&풋(Body&Foot) 바디꾹	606~607	꽃마름 샤브 & 뷔페	608	엠베이스 PT샵	609~610	수아라네일·헤어라운지점
5F	501	조세핀 영어전문	502	가재울 하이탑 수학과학 전문학원	503	글채움 국어	504	손글국어
	505	에스클래스 영어학원 고등관	506	김채연 에스테틱	507	Kiwi English(원어민영어)	507-1	플래뮤아트센터 미술학원
	508	더올바른정형외과	509	위드제이 심리상담센터	510	성공수학전문학원	511	조이의원(우울·불안·불면·비만·폭식)
4F	401	씨투엠 수학	402	로드맵 입시전략연구소	403	로드맵 초,중,고 수학전문학원	404	에스클래스 영어학원2관
	405	DMC 최한규피부과	406	연세 해담치과	407	연세안과 수술센터	408	연세장 성형외과 피부과
	409	연세아이소망치과	410	잉글리시에그	411~412	서대문플라즈마학원(수학·과학)	-	
3F	301	시원네일	302	하늘소망N 하늘비전교회	303	마술피리 음악학원	304	에스클래스 영어학원
	305	프리미엄 요가스튜디오	306	연세장안과 성형외과	307	e365치과	308	연세속편한의내과, 소아과, 검진센터
	309	유진연세의원 통증의학과, 정형외과	309-1	이화사랑약국	310	정형외과	311	유진미의원 피부과
	312	제일한의원(박사) 언어상담심리	312-1	제일언어크리닉(박사) 언어상담심리	-		-	
2F	201	(주)가람퓨너럴	202~203	리햅 필라테스	204	어반 그라운드미용실	205	박승철 헤어스튜디오
	206~207	신한은행	208	신한은행	208-1	오파츠 에스테틱	209	아티자노헤어 가좌역점
	210	새서울DMC약국	211	하나보청기 수면센터	212	하나이비인후과	-	
1F	101	스필드 컵(Spilled cup)	102~103	헤어 디 하트	104	옛날 장터치킨	105	파스타집이야/덮밥집이야
	106	Kiwi English(원어민영어)	107	Kiwi English(원어민영어)	108	관리사무소	109	한샘리하우스 리앤씨
	110	한샘리하우스 리앤씨	111~112	알레르망 Allerman	113	더블라썸 플라워샵	114	여미향 망개떡
	115	분식 487	116	신한은행 바로바로코너	117	명랑핫도그	118~119	버거킹
	120~121	버거킹	122~123	크리스피 크림도넛	124	글라스스토리 안경원	125	은혜 온누리약국
	126	클릭부동산	127~128	컴포즈커피 가좌역가재울점	129~130	가좌 경희한의원		

출처 : 성공타워 상가 안내, 저자 작성

가재울뉴타운 성공타워의 MD 구성 분석

분류	현황		
6F	교육(수학, 입시학원)	메디컬(한의원)	뷰티 (미용실, 네일숍, 바디스킨)
	피지컬(피트니스)		푸드(샤브뷔페)
5F	교육(영어, 수학, 국어 입시, 어학원 미술)	메디컬(정형외과, 정신건강의학과, 심리상담센터)	뷰티(에스테틱)
4F	교육(수학, 입시컨설팅, 영어, 수학, 과학, 입시학원)	메디컬(피부과, 치과, 안과, 정형외과)	
3F	메디컬(정형외과, 치과, 내과검진, 한의원, 성형외과, 피부과)	뷰티(네일숍)	
	교육(음악, 영어, 언어교정)	교회	피지컬(요가)

분류	현황		
2F	금융(신한은행)	피지컬(필라테스)	뷰티(미용실, 에스테틱)
	라이프스타일(약국, 보청기)	메디컬(이비인후과)	
1F	앵커스토어(버거킹)	라이프스타일(부동산, 꽃집, 홈인테리어, 약국, 침구류, ATM)	패스트푸드, 카페 (도넛, 핫도그, 커피)
	캐주얼푸드 (떡집, 분식, 파스타, 치킨)	뷰티(미용실)　메디컬(한의원)　리테일(안경점)	교육(영어)

출처 : 저자 작성

가재울미래로를 따라서 뉴타운 전체 주민들이 진출입하는 수색로 초입의 성공타워는 근린 상가형으로 1~6층이 근린생활 업종으로 구성되었다. 이곳 상가는 앞서 언급한 거북골로와 가재울미래로를 따라서 형성된 연도형 상가보다는 확장성이 큰 업종으로 구성된 것이 특징이다. 1층의 구성은 상가의 중심 앵커스토어인 버거킹을 비롯해 패스트푸드, 미용실, 안경원, 캐주얼푸드 중심으로 구성되었다. 상층부는 신한은행, 학원 업종이 들어서 있는데, 전체 주민을 대상으로 하거나 중고등학생을 대상으로 한 학원 비중이 높고, 메디컬에서도 확장성이 큰 피부과, 안과, 정형외과, 정신건강의학과가 개원하고 있다. 이 외에 지역 전체를 대상으로 하는 자기케어형의 피지컬, 뷰티 관련 업종이 진입하고 있다. 가재울뉴타운 성공타워의 MD 구성을 통해 같은 근린 상가라도 제한된 주거지를 배후로 인접한 유형과, 뉴타운 전체를 대상으로 한 근린형 상가는 MD 구성에서도 차이점을 보인다는 것을 알 수 있다.

인천시 서구 아라동 로뎀타워
– 메디컬 상가 유형

- 주소 : 인천시 서구 이음대로 378
- 용도지역 : 일반상업지역
- 건물용도 : 1, 2종근린생활시설, 판매시설
- 건물규모 : B3~10F
- 사용승인일 : 2021. 12. 14

인천시 서구 아라동의 상권 현황

인천시 서구 아라동은 2기신도시인 검단신도시의 중심지로 개발된 곳이다. 2023년 4월 인구 60만 명을 넘긴 인천 서구는 향후 남북을 기준으로 분구가 예상되는데, 이 중 아라동은 인구 6만 명을 넘어섰고, 향후 인구 증가에 따라서 행정동의 분동이 이루어질 것으로 예상되며 교통, 행정, 업무가 집중된 아라동이 중심지가 될 것이 확실하다. 상권 중심지는 인천도시철도 1호선 연장(2025년 5월 예정)선 지하철역사가 들어서는 원당대로와 이음대로 교차점이 도시의 중심지가 될 것으로 예상되며 현재 공사가 진행 중이다.

로뎀타워의 MD 구성

아라동에서 상가 기획자들이 벤치마킹할 만한 대표적 상가로는 지하철역사가 들어서는 사거리에서 이음대로 북쪽에 위치한 로뎀타워이다.

로뎀타워의 MD 구성 (2023. 5. 9 기준)

로뎀타워

10F	수학의힘 경인본원 / 리앤리 클래식 필라테스 / 메달징 PT 헬스
9F	수학의힘 경인본원 / 마레 폴 스튜디오(폴댄스) / 88PT S1219 수학학원 / 율발레학원
8F	랭글러어학원 · 영어도서관 / 리멤버 피부과 의원 / 용인대 참피온 태권도 리나필라테스 / 아르떼창작소 미술학원
7F	검단정형외과의원 / 연세꿈꾸는아이치과
6F	슈퍼용인대 로뎀 태권도 / 검단연세이비인후과 / 일타수학과학 일등학원(본관) / 수피아노 음악교습소 / 검단아동발달센터
5F	위바른내과 / 꿈꾸는소아청소년과 / 캐치업왁싱 / 일등학원(스터디룸) SNPE바른자세 척추운동
4F	인천신세계안과 / 라벨르뷰티(네일,속눈썹,왁싱) / 샤마타요가 공본스터디카페인천검단센터 / S1219수학학원 / 영어의비법 검단센터
3F	늘맨즈헤어 / 오름수학학원 / 유니한의원 / 서울바로치과 / 건강한한식부페 에이모드헤어 / 키다리아저씨 사진관 / 김준호 세무회계사무소
2F	으뜸플러스안경 인천아라점 / 황화쿵푸 마라탕 / 오봉집회화낙지, 오봉보쌈) / 국진남(국밥,생면) 라브리지네일샵 / 산참치(참다랑어전문점) / 검단나라부동산 / 포켓슐데이(셀러드바) 명동갈국수 · 샤브샤브 / 대충적한우 숯불구이전문 / 돈까스맛집 하루엔소쿠 / 아라문고(서점)
1F	메가커피 / 로뎀부동산 / 이삭토스트 / GS25 검단로뎀점 / 한샘민과자점 검단 아라태평양약국 / T7카페 / (주)황금일부동산중개법인 / 오늘안경맑음 이유복권 / 광장부동산 / (주)대박부동산중개법인 / 유플러스 검단신도시점 백채김치찌개 / 구도로통닭 검단아라점

출처 : 로뎀타워 상가 안내, 저자 작성

로뎀타워의 MD 구성 분석				
분류	**현황**			
10F	교육(수학)		피지컬(필라테스, 피트니스)	
9F	교육(수학, 발레)		피지컬(필라테스, 피트니스)	
8F	메디컬(피부과)	교육(어학원, 태권도, 미술)		피지컬(필라테스)
7F	메디컬(정형외과, 소아청소년과)			
6F	메디컬(이비인후과, 아동발달센터)		교육(태권도, 수학, 과학, 입시, 음악)	
5F	메디컬 (내과, 소아청소년과)	뷰티(왁싱숍)	피지컬(척추운동)	교육(학원스터디룸)
4F	메디컬(안과)	뷰티(네일숍, 왁싱)	교육 (스터디카페, 수학, 영어)	피지컬(요가)
3F	뷰티(미용실)	메디컬 (한의원, 치과)	교육(수학)	라이프스타일 (사진관)	오피스(세무사)
2F	푸드 (마라탕, 보쌈, 국밥, 칼국수, 고기)		캐주얼푸드 (샐러드, 돈가스)	펍(참치)	
	리테일(안경점, 서점)		뷰티(미용실)	오피스	
1F	앵커스토어 (베이커리)	스몰카페 (테이크아웃커피, 무인 카페)	라이프스타일 서비스 (부동산, 약국, 복권)	리테일 (안경점)	
	패스트푸드 (토스트)	라이프스타일리테일 (편의점, 이동통신)	펍 (치킨, 호프)	푸드 (김치찌개)	

출처 : 저자 작성

　로뎀타워는 메디컬상가 기획자라면 상가의 MD 구성을 눈여겨볼 만하다. 첫 번째는 상가의 MD 구성 시 상가 상권 확장성을 고민할 때 어떤 업종, 브랜드를 유치할 것인지에 대한 고민이다. 도시마다 도시를 대표하는 빵집들이 있는데, 인천을 대표하는 빵집은 한상민과자점으로 인천 시민 및 인접 지역 주민들까지 이 빵집에 대한 충성도가 높다. 이 상가 1층 코너 가장 노출도가 좋은 곳에 한상민과자점이 입점해 있다. 이렇게 빵집 하나 입점시킴으로서 해당 점포 및 상가 전체의 집객을 높이는 역할을 한다는 것을 잊지 말아야 한다.

두 번째, 메디컬 건물이라면 과목을 조화롭게 유치해야 한다. 이곳은 안과, 정형외과, 피부과, 내과, 소아청소년과, 이비인후과, 치과, 한의원을 유치해 과목 간 시너지를 극대화하도록 설계했다. 일반적으로 도시가 형성될 때 메디컬 과목을 집중시킬 경우 해당 상가는 메디컬 상가로 유지될 가능성이 크다.

세 번째, 학원 유치이다. 학원은 운영 과목에 따라서 다양한 면적이 필요한데 저층부의 경우 중소형이 필요한 학원들을 유치했고, 상층부에는 입시 전문학원을 유치해 초중고 학생과 학부모들이 관심을 갖는 상가로 집객력에 도움이 되도록 유치했다.

네 번째 상층부에 피지컬 관련 업종을 유치했다. 상층부는 임대료의 부담으로 인해서 대형 면적이 필요한 피지컬 관련 업종이나 전문 분야인 필라테스 등이 진입하는데, 실제 조화가 이루어진 것으로 판단된다.

하남시 미사 2동 미사센트럴프라자
- 신도시 근린상업지역

- 주소 : 하남시 미사강변대로 212
- 용도지역 : 근린상업지역
- 건물 용도 : 1, 2종 근린생활시설, 운동시설, 교육연구시설
- 건물 규모 : B2~7F
- 사용승인일 : 2016. 8. 10

미사강변도시 북쪽 근린상업지역의 상권 현황

　미사강변도시 핵심 상권 구조는 주거지를 배후로 북쪽과 남쪽에 각각 근린상업지역이 있고, 중심부인 미사역에 중심상업지역이 위치한 구조이다. 이 중 북쪽 근린상업지역은 중심상업지역이나, 남쪽 근린상업지역이 형성되기 이전인 2016년부터 상가 입주가 시작되어 미사강

변도시에서 상권 활성화가 가장 빠른 지역이다. 상가 입주가 시작되던 시점인 2016년 말 북쪽 근린상업지역 배후인 미사 2동은 13,000여 세대, 40,000여 명이 입주 완료되어 상권 활성화가 빠르게 진행될 수 있었다. 북쪽 근린상업지역은 약 30여 개 필지의 근린 상가로 구성된 지역이다.

미사센트럴프라자의 MD 구성

하남시 미사강변도시 미사센트럴프라자의 MD 구성 (2023. 8. 20 기준)				
7F 아이콕스 수영장	송종국 FC	태권쏭·점핑쏭		
6F 뉴뮤직 실용음악	로웰 피아노	에이린 발레	바른그림 미술	ESPower 어학원
멘토 수학 학원	미사에듀 영·수·코딩	링키 영어		
5F 수학 감성	대교 솔루니	시카고 영어 수학	아산 내과	독학재수 마스터학원
버클리 음악	PAMUS 영어학원	명인 이엔씨	페어 스킨	
4F 송종국 FC	홍상기 기타	사고력수학 시매쓰	스파치 마루지 웅변	잉글리시 에그
멘토수학/리드인	박준영 논술·숙독	몬스터 매스		
3F 파크뷰의원피부과	리아 한의원	품격 수학	삼성 바른치과	신성호 영어
와와 학습코칭	손 수학	김영하 국어		
2F 생각하는 황소	미사척 한의원	브런치 카페 37.5	파파존스 피자	강남 차이나
신의주 순대·쭈꾸미	제이 헤어			
1F 커튼·블라인드	플러스82	블루클럽	맘마 찬	우아 헤어
우리·하나은행(ATM)	온누리 약국	나나 후드	이·두부야	공감 21
초록마을		제이 슈즈	boil coffee	인포레
사골먹은 감자탕	삼형제 김밥	메콩 쌀국수	bb.q 치킨	보드레 떡
24시 콩나물국밥				

출처 : 미사센트럴프라자의 상가 안내, 저자 작성

분류	현황			
7F	플레이(어린이수영장)	교육(축구교실)		피지컬(점핑다이어트)
6F	교육(음악, 피아노, 발레, 미술, 어학원, 수학, 영어.수학, 영어전문)			
5F	교육(수학, 논술, 수학, 입시, 음악, 영어)	뷰티(피부관리)	메디컬(내과)	오피스
4F	교육(축구교실, 기타교실, 사고력, 스피치, 영어, 수학, 논술)			
3F	메디컬(피부과), 한의원		교육(학습컨설팅, 수학, 국어, 영어)	
2F	교육(사고력)	푸드(순대 전문, 중화요리)		캐주얼푸드(피자 전문)
	메디컬(한의원)		카페(브런치)	
1F	라이프스타일 (홈인테리어, 약국)	카페 (스몰커피)	그로서리스토어 (반찬, 유기농, 두부, 떡집)	리테일 (여성의류, 신발)
	뷰티(남성 미용실)	캐주얼푸드(쌀국수, 김밥, 치킨)		푸드(감자탕, 국밥)

미사센트럴프라자의 MD 구성 분석 (2023. 8. 20 기준)

출처 : 저자 작성

미사센트럴프라자는 북쪽 근린상업지역 중에서 미사강변도시 메인 도로인 미사강변대로와 접하는 전면 8개 필지 상가 중에서 중심부에 위치하고, 규모가 가장 큰 상가이다. 근린상업지역 상권에서 여러 개 상가가 있다면 각 상가마다 주민 접근성에 따라서 경쟁력 있는 업종, 브랜드들이 진입해 차이를 나타내게 된다. 다만 같은 조건일 경우 핵심 상가의 경쟁력을 발휘하기 위한 조건은 상권으로 진입하는 핵심 이동 도로에 접하거나, 상가 규모가 가장 크거나, 주민 집객력이 큰 업종, 브랜드의 진입이 높은 상가라는 점이다. 이런 의미에서 미사센트럴프라자는 미사강변도시 핵심 도로인 미사강변대로에 접하고, 메인 상가 8개 중에서 규모가 가장 크고, 주민들의 집객력이 높은 메디컬, 학원 분포가 높아서 북쪽 근린상업지역에서 근린 상가로서는 경쟁력을 가지고 있다.

일반적으로 근린 상가 MD 구성의 특징은 근거리 주민들의 생활에 밀접한 업종들이 진입하고, 저층부는 생활 소비에 빈번한 업종이 진입하며, 상층부로 갈수록 선택에 시간이 걸리지만, 한번 선택하면 반복적으로 사용하는 업종, 브랜드들이 진입하는 것이 특징이다(중심상업지역도 별반 차이가 없다). 또한, 근린 상가에 진입하는 여러 업종, 브랜드가 있지만 해당 업종, 브랜드들을 실질적으로 소비하는 주체와 결정하는 주체는 차이가 난다. 특히 미사센트럴프라자의 진입 업종, 브랜드를 살펴보면, 국밥, 감자탕, 남성 미용실과 같이 대체로 남성이 결정하는 경우가 많은 곳도 있고, 가족이 상의해 결정하는 업종, 브랜드도 있다.

한편, 식품점과 같이 직접적으로 주부가 결정과 소비(가족)의 주체인 경우도 있고, 학원, 아이들의 놀이시설에 대한 결정은 남성보다 주부의 결정권이 높은 것도 특징이다. 미사센트럴프라자에 진입한 업종 상당수는 실질적인 소비자는 자녀층이지만, 결정하는 주체는 주부층인 경우이다. 이런 상가의 경우 업종, 브랜드 진입을 고민할 때 이런 차이에 대한 인식도 필요하지만 소비와 결정이 동일한 주부층을 대상으로 하는 필라테스, 요가, 취미 학원, 주부 대상의 이색적인 카페 등은 검토할 수 있는 업종 브랜드이다.

하남시 미사역 우성미사타워

- 주소 : 하남시 미사강변중앙로 220
- 용도지역 : 중심상업지역
- 건물 용도 : 근린생활시설, 업무시설, 운동시설
- 건물 규모 : B4~14F
- 사용승인일 : 2017. 5. 26

미사강변도시의 중심 상권 현황

미사강변도시의 중심 상권인 미사역 상권의 특징 중 하나가 약 20,000여 세대에 이르는 오피스텔단지로 구성된 주상복합형 상가라는 점이다. 전체 세대수가 많은 만큼 1개 단지가 1,000세대 이상이 넘어가는 단지가 많아서 저층부 상가들이 많다(주상복합형 단지 상가 부분은 B1~3

층 전후로 구성되고 상층부가 오피스텔이다). 그만큼 주상복합형에서 상가가 많으면 모든 업종이 진입 가능할 것으로 생각하지만, 사실 진입 가능 업종도 제한적이고 저층부의 고분양가에 따른 높은 임대료 문제로 도로와 접한 상가뿐만 아니라 내면 상가 공실도 많다.

또한, 대단지 주상복합형 상가는 구조적으로 상층부 무게를 견뎌야 하는 문제로 인해서 기둥이 일반 플라자형 상가에 비해서 많다 보니 대형 면적이 필요한 업종의 경우 진입에 한계가 있다. 미사강변도시 일반 플라자형 상가의 경우 상가의 전용률이 48% 전후인 데 비해서 공용 면적 비중이 높은 주상복합형 상가의 경우 43% 전후로 5% 정도 낮기 때문에 같은 분양가라 하더라도 임차인인 사용자 입장에서 손해이므로 주상복합형 상가 선택을 기피하는 요인으로 작용한다. 이에 비해서 전 층이 상가로 구성된 플라자형 상가의 숫자도 적지만, 상가 임대료가 상대적으로 낮은 고층부 업종의 수요 때문에 공실을 찾기 어렵다.

우성미사타워의 상가 MD 구성 안내

미사역 상권에서 대표적인 플라자형 상가는 2017년 입주한 우성미사타워로 미사역에서 가장 높은 14층에 규모도 가장 크다.

분류	우성미사타워의 MD 구성 분석				(2023. 8. 20 기준)

분류	우성미사타워 상가 안내				
14F	미사스크린골프	실용음악학원	꽃샘스킨존	골프레슨전문	블리스필라테스
13F	GDR 아카데미(실내골프연습장)				
12F	워크아웃짐PT전문	아로펫(반려동물용품)	룸카페	워크아웃짐	함께가는교회
11F	미사목민교회	윤남진펜싱클럽	블리스 피트니스&PT		세종탑무용학원
10F	부용 바디테라피	쁘띠몽드 키즈카페	커브스 미사강변클럽		강향숙댄스스포츠
9F	사진관	미술로생각하기	허그맘허그인 심리상담		은혜의 정원교회
8F	심슨어학원 마사캠퍼스				
7F	청하연미디어㈜	세무회계	음악카페	레고방 (플레이하남점)	경복기초건설 · 라온무역
6F	학습심리상담센터 티움	아로펫 (반려동물용품)	에덴(레스토랑)	미사애한의원	플레이올라 (아동상담센터)
5F	삼성생명보험㈜	하나산부인과	스마일소아청소년과		인싸노래연습장
4F	미사 빌리아드 클럽(당구장)	좋은하루치과	㈜교원빨간펜		온라인판매쇼핑몰
3F	미소준 내과	피티룸 MPR	앳이즈 헤어	해오름 건설	세무회계 · 초이스뷰티(네일숍) · 미드나이트바(주점) · 중국하오마사지
2F	미더스화외과	숯칼하남닭갈비	헤어살롱 노이	이진항(한식)	만다린(중화요리)
1F	미려돈 (고기)	미사약국	포커스 부동산	교동전선생	미아리우동 · 신의주순대국 · 맛닭꼬오븐치킨 · 명품부동산
	별에서온토끼 (돈가스)	꽃길오뎅바	만찬반찬가게	GS25 (편의점)	LG유플러스(이동통신) · 만월당(와인바) · 늘푸른목장(한우갈비전문)

출처 : 우성미사타워 상가 안내, 저자 작성

분류	우성미사타워의 MD 구성 분석				(2023. 8. 20 기준)

분류	현황				
14F	스포츠(골프연습장)	학원(실용음악)	뷰티(스킨)	교육(골프레슨)	피지컬(필라테스)
13F	스포츠(실내골프연습장)				
12F	피지컬(피트니스)	라이프스타일 (반려동물용품)	카페(룸카페)	교회	
11F	교회	스포츠(펜싱클럽)	피지컬(피트니스)	교육(무용학원)	

분류	현황				
10F	뷰티(바디테라피)	Kids Play(키즈카페)	피지컬(헬스클럽)		스포츠(댄스스포츠)
9F	라이프스타일(사진관)	교육(미술교육)	라이프스타일(심리상담)		교회
8F	교육(어학원)				
7F	오피스(사무실, 세무회계)	카페(음악카페)	Kids Play(레고방)		오피스(건설사, 무역)
6F	교육(학습심리상담센터)	라이프스타일(반려동물용품)	푸드(레스토랑)	메디컬(한의원)	라이프스타일(아동상담센터)
5F	오피스(보험사)	메디컬(산부인과, 소아청소년과)			Play(노래방)
4F	Play(당구장)	메디컬(치과)	교육(빨간펜)		온라인쇼핑몰
3F	메디컬(내과)	Play(파티룸)	뷰티(미용실, 네일숍, 마사지)	오피스(건설사, 세무사 사무실)	펍(Bar)
2F	메디컬(외과)	Play(노래방)		푸드(닭갈비, 한식, 중화요리)	뷰티(미용실)
1F	캐주얼푸드(돈가스, 우동, 치킨)		나이트푸드, 펍(전집, 오뎅바, 와인바)		
	라이프스타일(부동산, 편의점, 이동통신, 약국)		그로서리스토어(반찬가게)		푸드(고기집, 순대국, 갈비집)

출처 : 저자 작성

우성미사타워의 저층부 업종은 주변의 주상복합형 상가와 차이가 없지만 고층부 상가는 상가의 회소성으로 인해서 미사강변도시 주민들 전체를 대상으로 하는 업종이 많고, 특히 주부와 성인 가족을 대상으로 하는 업종이 많다. 특징적인 업종을 정리해보면 다음과 같다.

>> **교회** : 신도시 상업지역에 교회는 일반적으로 플라자형 상가의 최상층부에 진입하지만 1개 이상에 진입하는 예는 없다. 그러나 우성미사타워의 경우 3개가 진입했는데 이는 가장 규모가 크고 고층인 우성타워가 미사강변도시 전체 주민들에게 홍보하기 유리하다는 장점 때문인 것으로 판단된다.

≫ 피지컬&스포츠 : 신도시의 플라자형 상가의 상층부 구성 업종 중 대표적인 업종으로 우성미사타워의 경우 성인 남성과 여성(주부)층을 타깃으로 하는 분야들이 진입하고 있다. 우성미사타워에는 대표적으로 실내골프연습장(13F 전 층, 14F 일부), 필라테스, 피트니스, 헬스클럽 등 비교적 면적을 많이 차지하는 업종의 진입률이 높다(단, 필라테스는 피지컬&스포츠로는 비교적 소형 면적에 해당된다).

≫ 교육 : 주부층의 결정권이 높은 분야로 심슨어학원(8F 전 층)을 포함해서 자녀들의 특성화 교육을 위한 분야가 많은데, 펜싱클럽, 발레무용학원, 실용음악학원, 미술학원 등이 있다(댄스스포츠학원은 부부가 핵심 대상인 학원이다).

≫ 자녀를 둔 어머니 대상(자녀케어 주부층) : 주부, 자녀를 위한 심리상담센터, 키즈카페, 레고방은 어머니와 자녀를 대상으로 한 업종이다.

≫ 메디컬 : 상가 규모에 비해서 메디컬 진입은 많지 않은데 산부인과, 소아청소년과는 어머니와 자녀를 대상으로 한 메디컬 과목으로 분류할 수 있다.

≫ 오피스 : 학습자원, 보험사 영업소와 일반 사무실도 다수 진입하고 있는데, 상업지역 상가 진입 업종 중 오피스 수요도 높다. 기업의 지점 등을 유치할 경우 고정 직원으로 인한 상가 내 이용률과 장기 계약이 많아서 안정성이 높다.

서울 강동구 고덕 그라시움 근린 상가 4동
– 재건축아파트 근린 상가

- 주소 : 강동구 고덕로 385 고덕그라시움상가 4동
- 용도지역 : 2종 일반주거지역
- 건물 용도 : 근린 상가
- 건물 규모 : B3~4F
- 사용승인일 : 2019. 9. 27

강동구 상일동역 고덕 그라시움의 상권 현황

고덕 그라시움 근린 상가 4동은 고덕주공 9개 단지 재건축 사업 중 가장 단지 규모가 큰 고덕주공2단지를 재건축한 단지로 4,932세대가 2019년 9월에 입주했다. 근린 상가 단지 중에서 동쪽 측면 고덕로에 접하고 있는 상가로 맞은편에는 고덕주공3단지를 재건축해 4,066세대

가 입주한 아르테온 단지를 마주보고 있다. 일반적으로 아파트 단지 내 상가나 근린 상가는 해당 단지 주민들의 충성도가 높지만, 이 지역은 고덕로 지하를 지나는 5호선 상일동역이 고덕그라시움과 아르테온 근린 상가에 모두 접점을 가지고 있어서 재건축단지 전체 주민들의 상권 확장성을 가지고 있다.

고덕주공 재건축 단지 중 3개 단지인 1단지(아이파크), 8단지(공무원아파트), 9단지(명일동)를 제외하고 나머지 재건축단지는 상일동역을 이용하는데, 전체 약 15,113세대에 같은 상권 내 주상복합단지인 고덕센트럴푸르지오 656세대를 합치면 상권 영향권 내에 들어가는 것은 15,756세대의 규모이다. 대부분 단지가 2020년 전후의 1, 2년 사이에 입주가 집중되어 있고, 안정적인 소득을 가진 젊은층이 많은 것이 장점이다. 이런 배후세대의 장점을 가지고 고덕 그라시움 근린 상가의 MD 구성을 살펴봐야 한다.

고덕 그라시움 근린 상가 4동의 MD 구성

고덕 그라시움 근린 상가의 MD 구성 분석 (2023. 8. 20 기준)					
분류	**현황**				
4F	메디컬(피부과, 안과)			뷰티(미용실)	
3F	메디컬(정형외과, 한의원)			피지컬(필라테스)	
2F	메디컬(치과)		금융(수협)	뷰티(미용실)	
	캐주얼푸드(죽집)			푸드(일식, 중화요리)	
1F	리테일(안경)	라이프스타일(이동통신, 약국, 부동산)	그로서리스토어(과일, 야채, 반찬)	금융(신협)	카페(커피, 아이스크림)
B1F	라이프스타일(세탁소, 부동산, 사진관)			뷰티(염색, 속눈썹, 왁싱)	
	피지컬(필라테스)		카페(디저트)	리테일(와인숍)	

출처 : 저자 작성

	고덕 그라시움 근린 상가의 MD 구성 (2023. 8. 20 기준)
4F	타임리스 피부과의원 ❘ 보벨헤어 & 헤드스파 하늘빛연세안과
3F	상일 정형외과의원 ❘ 천지인 한의원 ❘ 필라테스 에이미
2F	서울바르디치과 ❘ 수협 상일동역지점 ❘ 린칭 (중화요리) 스시 미진 ❘ 시가K강동점 (전자담배) ❘ 예원헤어.퍼머염색커트 본죽&비빔밥 상일동역점
1F	안경하다 ❘ SK텔레콤 ❘ KT ❘ 형제통신 상일점 ❘ 막퍼주는집 선 약국 ❘ 배스킨라빈스 고덕그라시움점 ❘ 굿 찬 (반찬전문점) ㄱ덕세븐공인중개사무ㄴ ❘ 가나안신협 (고덕지점) ❘ 메머드 커피
B1	그라시움 명품세탁소 ❘ 신데렐라 세탁 ❘ 헤어염색홍 (염색전문점) 고덕세븐공인중개사무소 ❘ 미담사진관 ❘ 핸드메이드속눈썹 와인캐슬 와인샵 ❘ FITNESS H BOXING ❘ 그릭하임 가치공방(디저트공방) ❘ 페이브 왁싱 ❘ D.ER디에르

출처 : 고덕 그라시움 상가 안내, 저자 작성

　주요 업종 중에는 젊은 주부층을 타깃으로 한 진입 업종이 많은데, 뷰티 관련 미용실, 왁싱숍, 필라테스와 야채, 청과 반찬점들이 이에 해당된다. 푸드와 카페 관련 중에서는 아이스크림, 죽, 스시, 중화요리, 카페(커피), 디저트 판매점은 특정 타깃보다 가족 세대 전체를 대상으로 한 업종이다. 이동통신 3개점은 핵심 배후세대인 그라시움과 맞은편 아르테온, 센트럴푸르지오 단지가 있기 때문에 동시 출점하고 있다(소비자의 비교판단이 가능하기 때문으로 생각된다).

　메디컬 중에서 피부과, 안과, 정형외과가 그라시움과 아르테온단지뿐만 아니라 상일동역을 이용하는 전체 주민을 대상으로 하고 있고, 안과와의 연관성으로 1층에 안경점이 진입하고 있다. 치과와 한의원은 배후세대의 충분성으로 개원한 대표적인 과목으로 특이점은 없다. 금융업종 중 시중은행은 배후세대뿐만 아니라 지역거점형으로 출점하는 추세이지만 농협, 수협, 신협, 새마을금고와 같은 상호금융은 금융이 활발한 입지이면 출점한다. 1층에 신협, 2층에 수협이 진입했다. 단지 내 상가, 근린 상가이든 중심상업지역 상가이든 충분한 배후세대의 충성도가 높다면 MD 구성은 비교적 용이하다.

금천구 시흥동 리메인시티
– 도심 거점형 상가

- 주소 : 서울 금천구 시흥대로 224 금천리메인시티
- 용도지역 : 일반상업지역
- 건물 용도 : 1, 2종 근린생활시설, 업무시설, 공동주택
- 건물 규모 : B4~16F
- 사용승인일 : 2018. 10. 30

금천구 시흥동 리메인시티의 MD 구성

금천구 시흥동 리메인시티 MD 구성 분석	(2023. 8. 23 기준)	
		리메인시티 REMAIN CITY
7F-16F	7F-14F : 오피스텔	15F-16F : 도시형 생활주택
6F	상쾌한이비인후과 연세세란피부과	S바디워크 필라테스
5F	기안과의원	금천시니어클럽 빛과생명교회
4F	정윤정형외과 믿음·사랑·행복	연세조내과의원
3F	리더스탑치과 바로봄한의원	으뜸50안경
2F	우리은행 시흥동지점	미래산부인과
1F	은약국 10000LAB COFFEE	대포, 풍경, 리메인부동산, 쪽갈비, 육회보가
B1-B4	1F No Brand Burger 1F 예쁘당 💎	지하1층 : 관리사무소

출처 : 리메인시티 상가 안내, 저자 작성

금천구 시흥동 리메인시티 MD 구성 분석 (2023. 8. 23 기준)					
분류	현황				
7F~16F	7~14F(오피스텔)			15~16F(도시형생활주택)	
6F	메디컬(이비인후과, 피부과)			피지컬(필라테스)	
5F	메디컬(안과)			공공서비스	교회
4F	메디컬(정형외과, 내과)				
3F	메디컬(치과, 한의원)			리테일(안경점)	
2F	라이프스타일(우리은행)			메디컬(산부인과)	
1F	나이트푸드 (김치찌개/쪽갈비)	카페 (스몰커피)	패션 (여성의류)	Pub(포차)	라이프스타일 (시계수리)
	라이프스타일(약국, ATM)			패스트푸드(샌드위치, 햄버거)	

출처 : 저자 작성

이 상가는 금천구 거점 상권 중 하나인 시흥사거리에 위치한 금천 리메인시티로 같은 상가라도 주 동선(전면상가)과 부 동선(후면상가)이 다를 경우 MD 구성 패턴이 달라질 수 있다는 것을 설명하기 위한 사례이다. 금천구 시흥사거리상가는 금천구 시흥 1~5동, 독산 1, 2동 일부 약 120,000여 명이 이용하는 지역 거점 상권이다. 리메인시티는 상권의 중심인 시흥사거리에서 시흥대로 안양 방향 약 90m에 위치한 상가이다. 근린 상권이나 거점 상권에 있는 상가의 경우 상권 확장성이 큰 주 동선의 경우 집객력이 큰 업종이 진입하지만 부 동선의 경우 연결된 상권의 특징에 따라서 업종들이 다르게 나타난다. 이런 영향으로 주 동선인 전면상가는 가시성, 상권 확장성이 좋아서 청소년층 충성도가 높은 대표적 외식 프랜차이즈인 버거 전문점 노브랜드버거, 샌드위치 전문점인 서브웨이, 상층부 메디컬 처방전이 집중되는 약국과 2층에 객장을 둔 우리은행 ATM기기가 있다.

부 동선인 후면은 먹자 상권과 연결되는 골목으로 손바뀜이 있지만 연관 업종들이 진입하기 때문에 공실이 없다. 패션(여성 의류)과 라이프스타일(시계 수리, 금은방)도 먹자골목과 함께 전통 시장인 대명 시장과 연결되는 영향을 받고 있다. 활성화된 상가의 1층의 경우 주 동선에 따라서 입점 영향을 받는 것처럼 보이지만, 도심 상가나 신도시 상가를 막론하고 주 동선 및 보조 동선에 특징적인 흐름이 있을 경우 각각 동선의 흐름에 따라서 상권 영향을 받는다(참고 : 상가에서 주 동선에 집객력이 큰 라이프스타일, 리테일 업종이 입점한다면 부 동선의 경우 상업지역이라면 음식점, 주점 동선이 가장 일반적이고, 주민의 생활 동선과 연결되는 상가의 경우 야채, 과일, 정육, 반찬, 마트들과 이동통신, 수선집 등 주민생활과 밀접한 업종이 입점하는 게 일반적이다).

인천시 서구 청라 라임타워
– 수변상가 유형

- 주소 : 인천시 서구 청라라임로 65
- 용도지역 : 일반상업지역
- 건물 용도 : 1, 2종 근린생활시설, 업무시설, 교육연구시설
- 건물 규모 : B3~9F
- 사용승인일 : 2014. 3. 18

인천시 서구 청라 상권의 현황

도시마다 상권 구조는 다르고, 특히 신도시의 경우 배후주거지인 아파트단지 내 상가, 근린 상가, 중심상업지역은 도시 설계를 어떻게 하느냐에 따라서 차별화된다. 일반적인 신도시의 경우 아파트 단위의 단지 내 상가가 구성되고 약 5,000~10,000세대 전후의 블록을 기반으

로 근린 상권이 형성되고, 몇 개의 근린 상권의 중심에 중심상업지역이 형성된다. 그러나 인천 서구의 청라신도시 상권 구성은 독특하다. 도시 중심에 랜드마크인 커넬웨이(수로)를 만들고 주변에 상업지역을 만들며, 커넬을 따라서 상가들이 조성된 다음 배후에 아파트를 배치한 구조로 도시가 계획되었다. 커넬은 동에서 서로 청라 1동, 청라 2동, 청라 3동으로 순차적으로 개발되었는데 커넬의 길이는 청라국제도서관에서 문학공원까지 직선거리로 약 3.5km에 이른다.

상가의 형태는 주민센터를 비롯한 공공기관, 대형마트, 복합상가와 함께 10층 전후의 플라자형 상가로 구성되었다. 이런 영향으로 청라신도시 주민들의 지역 내 소비는 좋든 싫든 커넬 방향으로 집중될 수밖에 없는 구조이다. 따라서, 고객 구성에서 구매결정력이 높은 주부층, 퇴근 후나 주말의 남성들, 학생층의 라이프스타일과 필요에 따라서 업종과 브랜드들이 진입하고 있다.

청라 커넬웨이(수변) 상가에는 어떤 업종이 입점할까?

수변 상가는 청라신도시뿐만 아니라 도시 랜드마크로 많은 지역에서 시도되는 형태로 청라 수변 상가 핵심 구간에 어떤 업종, 브랜드가 입점하는지 살펴보는 것은 수변 상가를 이해하는 데 도움이 된다(커넬 방향 수변에서 1층은 실제 B1층에 해당되고, 길게 연결되며, 아래 구간은 청라 2동 중봉대로-청라라임로 약 280m 구간 수변 방향 상가이다).

청라신도시 수변 상가의 MD 구성					(중봉대로~청라라임로 280m 구간, 2023. 3. 13 기준)		
◆ 커넬웨이 우측상가(중봉대로 – 청라라임로 280m 구간)							
안나스넥	버블워시뱅크	춘천오남매 닭갈비	민블리네일	CAFÉ G.	까시베라	리폰 (아이폰수리)	청라 여성의원
오징어나라	마포갈매기	호미불닭발			고마워 드레스	BROOKLYN (MUSIC BAR)	
◆ 커넬웨이 좌측상가(중봉대로 – 청라라임로 280m 구간)							
	만복국수집	감동먹태	만식이네와 인포차	금복주류	섬진강 (한식주점)	PIMAC HOUSE	
T.AYA	빈티지숍				육통령 (돼지고기)	통닭가게	세라젬
이런날엔 (감성주점)	오븐에 빠진닭	뽑기LAB	곱창남	족발신선생	JUST APPAREL		
		육즙(숯불구 이전문점)	김복남맥주	가장맛있는 족발	도문일야(양 고기전문)	국제닭발	박사장집 (냉삼전문점)
원석모토이시 (고기구이)	제주청정족발	유쾌야 (육회)	라무진 (양고기)	ALTON (자전거)			

출처 : 저자 작성

    초기 분양 시점에는 커넬(수변)을 따라서 길게 테라스에 앉아서 커피를 마시는 카페가 가장 추천하는 업종이었다. 그러나, 수변 상가는 여름에는 강한 복사열과 겨울에는 커넬이 바람통로 역할을 해 상가의 문 개방이 어렵다. 또한, 청라신도시 주민들 대다수가 서울이나 인근 지역에서 경제활동을 하기 때문에 주간 상가 이용이 떨어질 수밖에 없다(커넬 방향 이용객의 상당수는 퇴근 이후 주말의 남성이나, 젊은층이 주요 고객이다). 따라서 수변 상가의 공통적인 특징이 주간보다는 야간 주점, 고깃집들이 진입하는 게 일반적이다.

    다음은 청라 1, 2동 커넬웨이 수변 방향 상가의 입점 업종 현황으로 주로 야간, 주말의 남성 중심 업종임을 알 수 있다(최근에 지하철 7호선이 공

사 중으로 일부 구간은 차단막을 설치해 현재는 더 어려운 상황이다).

청라신도시 라임타워의 MD 구성

라임타워는 청라신도시 커넬웨이 플라자형 상가 중 하나로 MD 구성 사례를 통해서 이 지역 상가의 이해를 높이려고 한다.

청라신도시 라임타워의 MD 구성 (2023. 3. 13 기준)

라임타워

9F	소통부부한의원 입원센터 / 라임골프존파크 / 인코어 필라테스
8F	(주)MD스틸 / 청라선두교회 / 국풍2000 청라국어학원 / G&S 포인트스터디카페M / 소통부부한의원 2관 / 하이클래스학원 4관
7F	킴리코리아 주식회사 / 주식회사 동우건설 / 창조의아침 미술학원 / 연세이화음악학원 올패스 고등영어 전문학원 / 킹스유학원 / 국제영어학원 / 하이클래스학원1관,2관
6F	아담리즈 수학 / 레벨업 수학과학전문 / 라보째 전문발레 아카데미 천지세무법인 청라지사 / 청라 반디과학 / 연세어학원 · 연세중국어 쎈수학1018수학전문학원 / 하이클래스학원 3관
5F	연세 원 비뇨의학과 / 라임안마원(국가공인) / 청라바른정형외과의원
4F	파크뷰의원 · 피부과 / 청라오치과 / 소통부부한의원 부모와아이 마음의원 / 길벗내과
3F	쁘리띠테라피 / 속눈썹 / 가고파당구장 / 후아인 타이테라피 / 더블에잇BAR 수8090라이브 / 퀸노래방 / 스포테라피 / 세계맥주전문점
2F	아구와구(아구찜전문점) / 서산꽃게탕 게장전문점 / 설빙청라점 박승철헤어스투디오청라점 / 닥터모락 두피 · 탈모 / 하나은행 인천청라지점
1F	플랜에이치 헤어 인천청라점 / TWOSOMEPLACE / 라임김밥 풍성앙 양꼬치 / 써브웨이 / 칠성객잔 / SKT 청라라임점 / 청라유명약국 논닭 숯불닭갈비전문점 / 라임순대국 / 래래시장 / 하나은행 365자동화코너 청년찌개 인천청라점
지하1F	역전할머니맥주 / 조개통10 / 바다사나이 / 700원 양꼬치 뚜껑 김치삼겹살 / 김치삼겹살전문점 김치부르스
B1	관리사무실

수변상가

B1~B3 주차장

출처 : 라임타워 상가 안내, 저자 작성

분류	현황		
청라신도시 라임타워의 MD 구성			(2023. 3. 13 기준)
9F	플레이(실내골프)	피지컬(필라테스)	메디컬(한의원)
8F	교육(어학원, 음악, 영어, 입시)	교회	오피스
7F	교육(미술, 음악, 영어, 유학원, 영어, 입시)		오피스
6F	교육(수학, 수학·과학, 발레, 과학, 어학원, 입시)		오피스(세무사)
5F	메디컬(비뇨의학과, 정형외과)	뷰티(안마원)	
4F	메디컬(피부과, 치과, 한의원, 정신건강의학과, 내과)		
3F	뷰티(피부관리, 속눈썹)	컬처&플레이 (노래방, 당구장)	유흥펍 (유흥Bar, 라이브Bar)	펍(호프)
2F	푸드(아구찜, 꽃게찜)	카페(팥빙수)	금융(하나은행)	뷰티(미용실, 피부관리)
1F	뷰티(미용실)	카페(커피)	패스트푸드 (샌드위치)	라이프스타일 (이동통신, 약국, ATM)
	펍(포차, 양꼬치, 찌개)		캐주얼푸드 (김밥, 순대)	푸드(닭갈비)
B1F	펍(호프주점, 조개찜, 양꼬치)		푸드(김치삼겹살전문)	

출처 : 저자 작성

    커넬웨이 플라자형 상가는 커넬에서 바라봤을때 1층은 아파트 방향에서 진입할 때는 B1층에 해당되는데, 커넬 방향의 상가는 커넬을 따라서 길게 연결되어 수변 상가를 형성하게 되는 구조이다. 아파트 방향에서 진입하는 1층의 경우에는 수변 방향은 개방형 테라스가 설치되어 수변 상가에서 연결되는 수직 상권으로 볼 수 있는데, 야간 주점과 아파트 주민들의 외식, 캐주얼푸드의 비중이 높다.

    주점과 음식을 제외한 저층부 업종은 주부층, 여성의 이용률이 높은 카페, 뷰티 업종이 있고, 수변층과 1층의 주점 음식점과 연계된 노래방, 당구장과 바(Bar), 호프주점의 상권 연계성이 있다. 4~5층은 메디컬 층으로 청라 주민을 대상으로 해 로컬형이나 도시 전체 주민을 대상으로 하는 과목의 분포를 이루고 있다. 6~8층의 입점 업종의 핵심은 자녀층이 주 타깃인 교육카테고리인 학원의 비중이 높다(입시, 보습, 취미, 어학원 중심으로 상가 전체에서 가장 비중이 높다).

최상층부인 9층은 신도시의 젊은층을 위한 실내 골프장과 체형 교정 운동 효과가 큰 필라테스 업종이 입점해 있다. 청라 라임타워의 MD 구성을 통해 도시 주민들이 집중되는 상권의 상가에서 각 주민(부부 각각, 학생층)은 어떤 라이프스타일 패턴에 따라서 소비가 이루어지는지를 이해할 수 있다.

서울 금천구 가산동
우림라이온스밸리 지원시설
– 지식산업센터의 지원시설(근린생활시설)

- 주소 : 서울 금천구 가산디지털1로 168 우림라이온스밸리
- 용도지역 : 준공업지역(지식산업센터)
- 건물 용도 : 공장(아파트형 공장), 지원시설(근린생활시설외)
- 건물 규모 : B3~15F
- 사용승인일 : 2004. 12. 29

가산디지털단지의 상권 현황과 지식산업센터의 특징

가산디지털단지역 우림라이온스밸리는 금천구와 구로구에 걸쳐서 조성된 서울디지털산업지 3개 단지 중, 1단지(구로디지털단지)를 제외한 2, 3단지가 위치한 가산디지털단지의 대표적 지식산업센터이다. 서울산업단지의 근로자 숫자는 가장 경기가 좋을 때 구로디지털단지에

50,000명(저점일 경우 40,000명), 가산디지털단지에 100,000명(저점일 때 90,000명)이 근무하고 있다. 지식산업센터에 가능한 용도는 공장(아파트형 공장), 지원시설(근린생활시설 외), 기숙사(일부 지식산업센터에 조성)가 있지만, 이 중 우림라이온스밸리에는 기숙사가 없다.

우림라이온스밸리 지원시설의 MD 구성

우림라이온스밸리 지원시설의 MD 구성 (2023. 10. 16 기준)

출처 : 우림라이온스밸리 상가 안내, 저자 작성

분류	현황		
우림라이온스밸리 지원시설의 MD 구성 분석			(2023. 10. 16 기준)
4F	피지컬(피트니스)	메디컬(통증의학과)	오피스
3F	메디컬 (한의원, 비뇨의학과, 연합의원, 치과)	뷰티(마사지)	오피스
2F	푸드 (한식, 차돌박이, 양갈비, 고기, 해장국, 부대찌개, 찌개전문, 보쌈)		캐주얼푸드 (김밥분식)
2F	펍(피자펍, 치킨호프, 포차)	유흥펍(유흥Bar)	메디컬(한의원)
1F	라이프스타일 (부동산, 옷수선, 남성 미용실, 약국, 전자담배, 꽃집, 복사, 편의점)		리테일(문구, 안경점)
1F	카페(커피)	오피스	메디컬(한의원, 이비인후과, 안과)
B1F	푸드 (고기, 설렁탕, 횟집, 국밥, 뚝배기, 레스토랑 · 일식, 족발)		캐주얼푸드(국수집, 파스타)
B1F	펍(양꼬치, 치킨호프, 호프주점)	컬처(노래방)	오피스

출처 : 저자 작성

우림라이온스밸리의 장점은 일반적으로 지식산업센터 상권이 영향력을 미치는 것은 해당 건물 근무자와 근린생활시설이 없거나 소규모인 단지에 상권 영향력이 국한되는 데 비해서, 가산디지털단지역은 1호선, 7호선이 환승하는 지하철역으로 우림라이온스밸리 2층은 지하철 1호선 승하차 시 지원시설 2층으로 진입이 가능하고, 7호선은 우림라인온스밸리 지하와 연결되어 진출입이 연결된다는 것이다(가산디지털단지역의 1일 평균 승하차 인원은 약 13만 명이다).

지식산업센터 지원시설은 근무자의 업무를 지원하는 시설과 생활을 위한 근린생활시설로 구분되는데, 우림라이온스밸리 MD 구성은 근린생활시설에 진입하는 업종에 대한 부분을 중심으로 설명하겠다.

지식산업센터 근린생활시설 이용은 근무자들의 생활 패턴에 따라서 업종들이 진입하는 게 특징이다. 지식산업센터에 근무하는 직장인들의 생활 패턴은 근무하는 월~금요일에 집중되기 때문에 대부분 근린생활시설도 주중에만 근무하고 주말에는 문을 닫는 게 일반적이다. 진입 업종 유형 중에서 가장 많은 비중을 차지하는 것은 Food와 카페(커피)인데, 낮 11시 30분~1시 30분과 저녁 퇴근 후(6~8시)에 집중된다. 이런 영향으로 제한된 시간에 소비가 집중되어야 하기 때문에 빠른 회전율을 위해서, 장시간 조리하는 메뉴보다 빠르게 조리되고, 1인용뿐만 아니라 2~3인이 함께하는 메뉴가 선호도가 높다. 제한된 시간에 빠른 회전율을 위해서 충분한 면적을 확보하는 것도 추세이므로 임대료가 비싼 1층보다는 지하층이나 2층에 진입한다(일반적인 도심 음식점은 15평 전후 매장도 많지만 지식산업센터에 위치한 매장은 30평 전후가 많은데 짧은 시간에 많은 고객을 받아야 하기 때문에 충분한 테이블 확보가 필요하다).

지식산업센터에 진입하는 업종 중에서 메디컬 과목은 중증환자가 아니지만 장기간 치료를 받아야 하는 치과, 근무자들의 직업병인 통증 치료를 위한 정형외과(통증, 재활), 한의원과 이비인후과도 최근에 개원이 늘고 있고, 여성 근무자가 많을 경우 산부인과와 근로자들의 멘탈 관리를 위한 정신건강의학과도 최근 진입이 늘어나는 개원과목이다(우림라이온스밸리에는 안과, 통증의학과, 비뇨기과, 한의원, 치과, 연합의원이 진료 중이다).

지식산업센터에 많이 진입하는 업종 중 부동산 중개업소의 경우 사옥으로 사용할 목적으로 지식산업센터에 투자하는 개인이나 업체도 있지만 투자 수익용으로 분양받는 분들의 임대차와 매매를 위해서 꼭 필요한 업종이다.

주요 업종 중 직장인들의 체력 관리를 위한 피트니스클럽, 실내골프장, 체형 관리를 위한 필라테스 업종도 증가하는 추세이고, 꽃집, 문구점, 세무사, 법무사사무소도 빼놓을 수 없는 업종이다. 남성 미용실, 전자담배충전소도 진입이 가능한 업종이다.

김포시 구래동 다온프라자
– 유흥, 숙박상가 유형

- 주소 : 김포시 김포한강9로 80
- 용도지역 : 일반상업지역
- 건물 용도 : 1, 2종 근린생활시설, 위락시설, 판매시설, 운동시설, 숙박시설
- 건물 규모 : B2~8F
- 사용승인일 : 2016. 9. 23

김포시 구래동 다온프라자 MD 구성

김포시 구래동 다온프라자의 MD 구성	(2023. 5. 15 기준)

출처 : 다온프라자 상가 안내, 저자 작성

김포시 구래동 다온프라자의 MD 구성 분석			(2023. 5. 15)
분류	**현황**		
8F	플레이(롤러스케이트장)		
7F	호텔		
6F	플레이(성인게임장)	뷰티(마사지)	유흥펍(라이브Bar, 노래Bar)
5F	컬처(노래방)	유흥펍(노래Bar)	뷰티(마사지)

분류	현황			
4F	플레이(락볼링, 실내야구장)			
3F	유흥펍(노래Bar, 유흥Bar)	뷰티(마사지)	푸드(레스토랑)	오피스(세무사)
2F	뷰티(미용실)	컬처(노래방, 뮤직룸)		유흥펍(노래Bar, 유흥Bar)
1F	카페(베이커리, 스몰커피, 메이저)	캐주얼푸드(덮밥, 떡볶이, 중식)		푸드(고기)
	펍(포차, 전집)	뷰티(화장품, 피어싱)		라이프스타일 서비스(사진관)

출처 : 저자 작성

신도시를 계획할 때 중심상업지역은 도시의 수용 인구 규모에 따라서 제한 없이 모든 업종을 허용할 것으로 생각하지만 지역 주민과 청소년의 생활권 보호와 정서에 도움이 안 된다고 판단하는 위락시설이나, 숙박시설은 제한된 입지에서만 허용하는 것이 일반적이다.

또한, 위락, 숙박시설이 진입하는 신도시는 업무시설, 자족시설들이 복합적으로 계획될 때 제한된 입지에 진입이 가능하도록 했다. 다음은 김포한강신도시에서 위락, 숙박시설이 허용된 구래동의 다온프라자로 이 상가의 MD 구성을 보면 위락, 숙박시설 상가의 콘셉트를 살펴볼 수 있다.

다온프라자의 경우 기본적인 콘셉트는 저층부에서 만남을 약속하고 밥 먹고, 술을 먹을 수 있는 업종, 브랜드가 진입하고, 이어서 노래방과 놀이시설이나 유흥주점에서 유흥을 즐기고 마지막에 숙박을 하는 모텔, 호텔이 있는 것이 콘셉트이다. 이런 입지의 경우 나이트 문화에 익숙한 사람들이라면 어떤 행동 패턴으로 움직이는지를 이해하면 진입 업종을 이해할 수 있다.

특히, 지역을 막론하고 유흥이 진입 가능한 입지의 건물에는 마사지, 노래바, 유흥주점이 많게는 각각 10개 이상인 곳도 있지만, 최근에 술을 적게 먹는 분위기로 인해서 대형 놀이공간과 실내 스포츠시설의 진입이 늘어나고 있는 추세이다. 대표적인 놀이시설로는 구래동의 다온 프라자와 같이 롤러스케이트장, 락볼링장, 실내야구장뿐만 아니라 실내테니스장, 양궁장 등으로 다양해지는 추세이고, 경우에 따라서 지하나 상층부에 사우나 시설이 진입하는 경우도 있다(참고 : 생활 패턴 변화와 코로나의 영향으로 사우나의 경우 수익성 확보가 어려워서 투자 기피 현상이 뚜렷한 업종 중 하나다).

서울 여의도동
여의도 종합상가

- 주소 : 서울시 영등포구 여의나루로 42
- 용도지역 : 일반상업지역
- 건물 용도 : 1종 근린생활시설, 상가 및 사무실
- 건물 규모 : B1~5F
- 사용승인일 : 1979. 6. 22

여의도종합상가 상권 현황

1970년대와 1980년대, 도시가 개발되면서 서울에 대단지 아파트가 시행되고, 주거지 인근에 주민 생활과 밀접한 영향을 미치는 시장과 생활편의 업종을 진입시킨 상가를 조성하는데, 이것이 종합상가이다. 지금은 금융, 업무타운이 중심이 된 여의도 지역은 1968년 한강종합개발

계획이 시작되면서 시범단지를 시작으로 대단지 아파트 입주가 시행되었는데, 아파트 인근에 주민 생활을 위한 상가 개발이 함께 진행되어 종합상가들이 들어서게 된다. 1979년 준공된 여의도종합상가도 그중 하나로 처음에는 주민들을 위한 시장과 주민 생활과 밀접한 업종 중심으로 진행되었다. 그러나 여의도 일대가 금융과 업무 중심으로 개발되고 5호선이 개통되면서 여의도종합상가 주변은 직장인들의 출퇴근 동선에 연결되면서 현재는 주민생활보다 전형적인 직장인 중심 MD 구성을 보이고 있다. 현재는 여의도 종합상가에서 증권거래소와 마포대교 방향이 대부분 재개발되면서 개발된 상업용 건물 내부의 상가를 제외하고는 직장인들의 집객력이 큰 개별 상가는 희소성이 크기 때문에 주민들 중심에서 직장인 중심의 이용 상가가 되었다.

여의도종합상가 MD 구성

분류	여의도종합상가의 MD 구성 (2023. 5. 4 기준)						
	여의도종합상가 안내						
5F	순살파닭 파랑닭집	카페킹두킹		머슬케어 필라테스		파인트리 치과	
	신동양 중국요리	연세 이비인후과	마음인심리 상담센터	여의도힐정신건강의학과		이지함피부과	
4F	수미산정 (한식)	실내테니스장	통사의원	수내과	닥터킴 이비인후과	수미산정	아이비약국
	맨하탄당구장				우리약국		명태촌
3F	위 뷰티 (피부관리)	NHK 룸영상가요	남촌떡만두국				
	필라테스위로	법무사	유일양꼬치	닥터킴 이비인후과	풀향기칼국수	이지한의원	생선요리 어촌
	한신사 (전당포)	목고박치과		부동산	풀향기보쌈	비뇨기과, 피부과	황소갈비(크라임생고기)

여의도종합상가 안내

분류							
2F	으뜸안경	IN HAIR	WABAR	민중치과	차이홍 중화요리		
	어썸씨티	마에모에 한의원	엘림샘 스튜디오	웰빙삼계탕	본죽&비빔밥	이자와(일식)	여의도불 쭈꾸미
	동방양고기	B Easy (위스키바)	금수강산 (일식·회)	스시오마카세	무지개 노래주점	마라탕/ 마라상궈	명품수선
1F	바지락칼국수	무교동낙지	윤중약국	T-world	로비스(호프)	프렌즈BBQ프라이드치킨	
	TheFrypan (치킨)	Cafe051 (카페)	1001안경 콘택트	너섬즉떡 (떡볶이)	리나스 (샌드위치)	워싱턴양복점	프렌즈호프
	카이저호프	파리바게뜨	메가커피	삼보정 (삽겹살)	참다한홍삼	GS25	레벤호프
B1F	대청마루 (한식, 고기)	수제피자치킨	전통찻집 차향기	해문산업개발	수제피자치킨	대청마루	

출처 : 저자 작성

여의도종합상가의 MD 구성 분석 (2023. 5. 4 기준)

분류	여의도종합상가 MD구성 분석		
5F	나이트푸드, Pub(치킨호프)	카페(카페)	피지컬(필라테스)
	메디컬 (치과, 피부과, 정신건강의학과, 이비인후과)	라이프스타일(심리상담)	푸드(중국요리)
4F	푸드(한식, 고기, 명태요리)	라이프스타일(약국)	
	메디컬(의원, 내과, 이비인후과)	스포츠(실내테니스)	플레이(당구장)
3F	라이프스타일 (전당포, 법무사, 부동산)	뷰티 (피부, 체형관리)	피지컬(필라테스) / 플레이(노래주점)
	메디컬 (치과, 이비인후과, 한의원, 피부비뇨기과)	푸드 (양꼬치, 보쌈, 갈비, 칼국수, 생선요리, 떡만두국)	
2F	푸드(양고기, 일식, 중화요리, 쭈꾸미, 삼계탕)	캐주얼푸드(초밥, 마라탕, 죽집)	
	메디컬(치과, 한의원)	뷰티(미용실)	나이트푸드, Pub(위스키Bar, 맥주)
	라이프스타일 (안경점, 디지털출력, 명품수선)	플레이 (노래주점)	
1F	패스트푸드, 제과 (파리바게뜨, 샌드위치)	패스트푸드, 제과 (파리바게뜨, 샌드위치)	
	캐주얼푸드(칼국수)	푸드(고기, 낙지전문)	나이트푸드, Pub (호프, 치킨호프)
	라이프스타일(약국, 이동통신, 안경점, 양복점, 편의점)	푸드(고기, 낙지전문)	카페(커피)

분류	여의도종합상가 MD구성 분석			
B1F	푸드(한식, 고기)	캐주얼푸드 (수제피자치킨)	오피스(사무실)	카페(전통찻집)

출처 : 저자 작성

현재 재개발되지 않고 여의도에서 마지막 남은 핵심 지역인 여의도 종합상가를 서울시에서 종 상향해 개발을 시작할 계획이지만, 여의도 종합상가의 MD 구성을 보면 직장인 상권에서 어떤 어떤 업종이 진입 하는지 살펴볼 수 있으므로 MD 구성을 분석해보았다.

》 FOOD(푸드) : 개인주의가 강한 젊은 직장인 상권의 음식 종류는 캐주얼푸드(조리와 취식이 빠른 음식)와 조리와 취식 시간이 긴 음식 메뉴 간의 비율이 비슷하지만, 퇴근로에 위치해 1인보다 2~3인이 즐기면서 평균 한 시간 이상 머무는 메뉴들이 많다.

》 나이트푸드, 펍(Pub) : 1차 식사 후 2차도 있지만, 가볍게 식사와 술을 함께 마실 수 있는 치킨호프와 안주류가 풍부한 메뉴가 많다.

》 위락, 유흥 : 가볍게 즐기는 바(Bar)나 단체 유흥주점은 3차로 이어 지는 술자리로 볼 수 있다.

》 Play(플레이) : 당구장 술자리 이후 유흥이나 술을 먹지 않을 경우 직장인들이 즐기는 유형이다.

》 라이프스타일 : 직장인 개인 유형의 소비로 편의점, 양복점, 안경 점, 전당포가 해당된다.

》 업무 지원 : 디지털 출력, 법무사사무실, 세무회계사무실이 있다.

》 메디컬 외 : 직장인들이 출근 이후, 점심시간, 퇴근 이후 진료를 목 적으로 하는 과목과 자기 멘탈 관리를 위한 심리 상담이 진입하고 있다.

≫ 자기 케어 : 퇴근 이후, 체력 관리를 위한 필라테스, 테니스, 뷰티 관련 업종들이 진입하고 있다.

≫ 간식, 대체식 : 파리바게뜨, 샌드위치는 직장인들의 점심값 부담이 커지고, 다이어트식, 간식에 대한 수요로 인해 진입한 것으로 볼 수 있다.

≫ 비고 : 여의도종합상가의 업종은 최근 직장인들의 수요와는 일정 부분 차이가 있지만 전통적이고 직장인 수요가 증가하고 있는 지역의 단독 상가의 진입 업종 유형으로 인식하면 된다.

내 상가·건물에 어떤 업종이 적합할까?

제1판 1쇄 2024년 2월 7일

지은이 박균우
펴낸이 한성주
펴낸곳 ㈜두드림미디어
책임편집 우민정
디자인 노경녀(nkn3383@naver.com)

㈜두드림미디어
등　록 2015년 3월 25일(제2022-000009호)
주　소 서울시 강서구 공항대로 219, 620호, 621호
전　화 02)333-3577
팩　스 02)6455-3477
이메일 dodreamedia@naver.com(원고 투고 및 출판 관련 문의)
카　페 https://cafe.naver.com/dodreamedia

ISBN 979-11-93210-50-5 (03320)

**책 내용에 관한 궁금증은 표지 앞날개에 있는 저자의 이메일이나
저자의 각종 SNS 연락처로 문의해주시길 바랍니다.**

책값은 뒤표지에 있습니다.
파본은 구입하신 서점에서 교환해드립니다.